호감주는 말투는

이것이 다르다

누구나 응용할 수 있는 대화법의 황금법칙

호감주는
말투는
이것이 다르다

나카노 히로미 지음 | 강성욱 옮김

경성라인

머리말

'대화법은 천성적인 것으로 아무리 노력해도 "호감형 대화법"이 될 리가 없다.' 라고 생각하는 사람이 적지않은 듯하다.

그러나 '대화법' 은 유전적인 것이 아니라 환경에 영향을 받은 결과이다.

우리가 어릴 때부터 영어와 모국어로 말하는 환경에서 자라면 자연스럽게 두 개의 언어를 사용할 수 있는 것과 마찬가지로, 자란 환경이 그 사람의 커뮤니케이션을 결정짓는다.

'대화를 원활하게 나눌 수 없다.' 라고 느끼는 많은 사람들이 언어에 관해서는 자신이 자란 가정에서 원만하게 커뮤니케이션을 주고받지 못했던 경우가 많다.

즉 '대화법' 은 천성적인 것이 아니라 후천적으로 습득한 기술인 것이다.

실제로 '대화법' 때문에 고민하는 사람들이 많다. 그 예로 서점에 가면 '대화법' 에 관련된 책이 넘쳐나고 있다.

나(필자)도 카운슬러 일을 하면서 '대화법' 의 중요함을 실감하고 있다. 나에게 상담하러 온 대부분의 내용이 '인간관계' 와 관련된 것으로, 상담자가 '대화법을 조금만 바꾸는 것' 으로 해결되거나, 호전되었기 때문이다.

아마도 서점에서 '대화법' 에 관련된 책을 집어든 사람들도 '어떻게 해서든지 타인에게 호감을 주는 사람이 되고 싶다면 지금의 문제를 해결할 수 있지 않을까?' 라고 생각하면서 책을 골랐을 것이다.

그런 생각이 잘못된 것은 아니다.

'호감형 대화법' 이 가능해지면 모든 인간관계가 양호해진다. 당신에게 호의를 가지고 지지해 주는 사람이 훨씬 많아지기 때문에 업무실적도 점점 상승한다.

그렇지만 '대화법' 에 관련된 책을 읽고 무언가가 바뀌고, 고민이나 문제가 해결됐다고 하는 사람은 과연 몇이나 될까? 아마도 별로 효과를 보지 못한 사람이 대부분이 아닐까 한다.

사실은 '대화법' 을 배우는 것만으로는 부족하다.

'이럴 때에는 이렇게 말하라.' 는 '어떻게' 에는 충실하지만, '왜 그런 대화법이 좋은가?' 라는 '왜' 와 '장점' 에 대한 설명이 없으면 자신의 것으로 만들기가 쉽지 않다.

'왜 그런 대화법이 좋은가?' 를 이해하는 것이 좋다.

이 단계를 이해하고 나서야 비로소 '어떻게' 부분을 완전히 이해할 수 있게 되고 '호감형 대화법' 이 가능해지게 되는 것이다.

이 책을 손에 든 당신이 확실하게 '호감형 대화법' 이 가능하도록 이제부터 천천히 설명하겠다.

'호감형 대화법' 이 되기 위한 가장 빠른 지름길.

'호감형 대화법' 이라는 말을 들으면 당신은 어떤 대화법을 상상하는가?

'이야기의 내용은 재미있고 도움이 되는', '말할 때의 표정이 재미있는', '말을 잘 들어주는 사람으로 절묘한 타이밍에 맞장구를 쳐준다.' 등등이다.

'비호감형 대화법' 은 어떤가?

'어떤 대화법을 써도 비호감만 줄 뿐이다…….' 라고 의외로 이렇게 상상하는 사람이 많지 않을까 한다.

그런 사람에게는 "정말 이 책을 손에 잘 들었다!"라고 말해 주고 싶다.

세상에는 '일부러 비호감을 주려고 말하는 사람'은 없다. 하지만 '대화법 때문에 혐오감을 주고, 경원시 되는 사람'은 존재한다. 즉 본인은 전혀 깨닫지 못하고 있는데 어느 순간 '비호감형 대화법'이 될 가능성이 있기 때문이다.

깨닫지 못하면 개선할 여지가 없으니, 먼저 '비호감 대화법'이란 무언인지를 이해하고 자신이 그와 같은 대화법을 하고 있지는 않은지를 확인하는 것이 중요하다.

'호감형 대화법'과 마찬가지로 먼저 그것이 어떤 것인지, 그 본질을 이해한 뒤에 자신의 대화법과 비교해 볼 필요가 있다.

그런 다음에 이 책에서 소개하고 있는 '대화법'의 실례를 이해하고 의식해서 자신의 '대화법'으로 받아들이는 것이 '호감형 대화법'이 되기 위한 가장 빠른 지름길이다.

contents

2장

호감형 대화법의 공통점

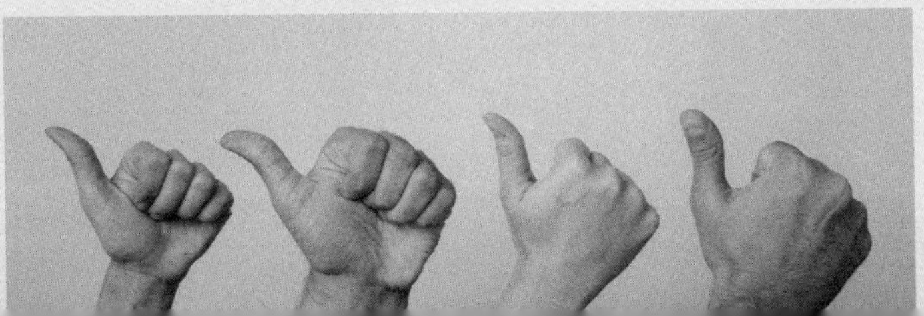

3장

대화법에서의 착각은 이렇게 많다

4장

의견이 다른 사람과의 대화법

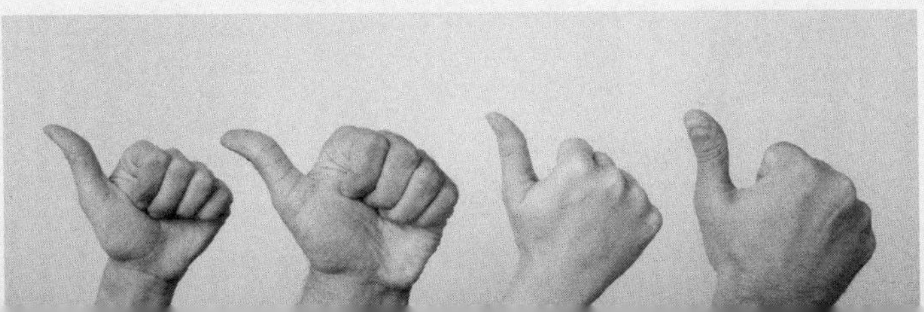

5장

곤란할 때의 대화법

6장

호감형 대화법으로 실현할 수 있는 것은 아직도 많다

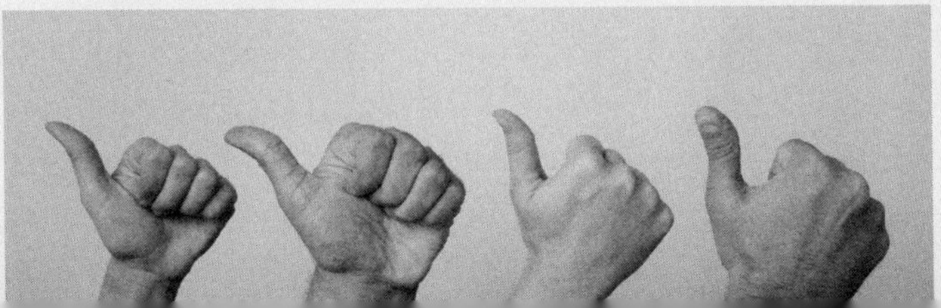

1장

호감형, 비호감형 사람의 대화법은 이것이 다르다

good conversation

1

'황금법칙' 을 이해하고 '호감을 주는 사람' 이 되자

상대를 이해하려고 하면
상대도 당신에게 흥미를 갖게 된다.

당신의 주위에 있는 사람 중에 왠지 함께 있는 것만으로 즐겁고 주위사람들도 좋아하는 사람을 한번 떠올려보자.

그리고 그 사람과 최근에 나눈 대화를 생각해 보자.

그 사람은 자신이 이해받기를 바라기보다 먼저 상대를 이해하는 것을 우선시해서 말을 하고 있지는 않는가 한다

예를 들어 회식과 같은 자리에서 자신의 이야기만 하는 사람이 있으면 비록 외모가 잘생겼더라도 그 사람에 대한 호감도는 낮아질 것이다. 반대로 외모는 별로지만 처음 만난 상대에게 여러 가지 질문을 하고 '상대를 알자.' 라고 생각하며 노력하는 사람의 호감도는 높아질 것이다.

대화법의 ‘황금법칙’

황금법칙을 무시하는 남성

황금법칙을 실천하는 남성

먼저 상대를 우선시하고 자신의 일은 그다음으로 한다.

이런 마음가짐으로 사람을 대하려고 하면 신기하게도 '나는, 나는' 이라는 자기주장을 하고 있었던 때보다 상대방이 자신에 대해 알고 싶어지고, 깊이 이해하게 된다. 왜냐하면 상대도 '나를 완전히 이해해 줘서 기쁘다. 이번에는 상대(당신)에 대해서 좀 더 알고 싶다.' 라고 생각하기 때문이다.

즉, 당신이 '상대를 알려고' 하면 할수록 상대도 '당신을 알려고' 하는 것이다.

이것이 호감을 주는 사람들의 공통된 '대화법' 의 '황금법칙' 이다. 이것을 이해하는 것만으로 당신은 '호감을 주는 사람' 이 될 수 있다.

2

‘맞장구’, ‘끄덕임’을 소홀히 해서는 안 된다

슈퍼 인터뷰법과 되풀이 법을 활용해서 말하면
상대가 자신에게 흥미를 보이게 된다.

‘대화법’의 ‘황금법칙’으로써 “나를 이해받기보다 상대를 이해하는 것을 우선시하라.”라고 했다.

그러나 ‘대화 속에서 어떻게 그것을 실천할 수 있을까?’ 하고 방법을 모르는 사람도 많지만 그 방법은 대단히 간단하다.

그것은 ‘자신이 말하고 싶은 것’보다 ‘상대가 말하고 싶은 것’을 우선시하면 된다. 즉, 질문자가 되었다고 생각하고 상대가 말하려고 하는 질문을 던지는 것이다. 질문자란 상대의 말에 맞장구를 치거나 동의를 하면서 이야기를 이끌어내는 사람이다.

말하는 사람은 질문자가 열심히 들어주기 때문에 ‘나에게 흥미를 가지고 있다.' 라고 생각하고 점점 기분이 좋아진다. 그리고 '이 사람과 말하니 기분이 좋다.' 라고 생각하며 호의를 가지게 된다. 한번 호의를 가지게 되면 정도를 넘어선 잘못이나 실례를 하지 않는 한 이후의 관계는 매우 좋아진다. 따라서 처음에는 상대의 말을 이끌어내는 것으로 좋은 인상을 주는 것이 좋다.

그런데 '어떻게 질문자와 같이 말하면 좋을지 모르겠다.' 라고 생각하는 사람이 있을 것 같으므로 구체적인 방법 두 가지를 이야기하겠다.

첫 번째는 상대의 말을 더 이해하기 위한 질문을 던지는 것이다. 이것을 '슈퍼 인터뷰법' 이라고 한다. 이때는 자신의 의견을 내놓지 않고 철저히 질문만 하는 것이다. 이것은 대화를 통해서 알 수 있는 범위만으로도 충분하다.

두 번째는 상대가 말한 것의 일부를 요약해서 말하는 '되풀이법' 이라고 한다. 되풀이법에 관해서는 아래와 같이 대화를 진행하면 어떨까 한다.

상대 : 봄에 피는 벚꽃이 정말로 예쁘네요. 저는 벚꽃을 정말로 좋아합니다.

당신 : 그렇군요. 벚꽃을 정말 좋아하는군요.

상대 : 그런데 요즘은 개화 예보가 빗나가는 경우가 많아서, 벚꽃놀이 계획을 세우기가 어려워요.

당신 : '확실히 계획을 세우기가 어려워졌어요.'

상대 : 그래서 예전처럼 많은 인파가 벚꽃놀이에 몰리는 일도 사라져버렸어요. 저는 밤 벚꽃을 보면서 산책하는 것도 좋아해요.

당신 : 맞아요. 밤 벚꽃도 정말 아름답지요.

포인트는 당신의 의견을 일절 내놓지 않은 채 상대가 말한 키워드가 되는 단어(밑줄 친 부분)를 되풀이해서 대화를 진행하는 것이다.

그러면 상대는 '내 말을 잘 들어주고 있구나.' 라고 느끼고 기분이 좋아져서 더 말을 하고 싶어진다. 반대로 "벚꽃을 좋아한다."라고 말하는 상대에게 "나는 복숭아꽃이 좋다."라고 말해 버리면 대화는 어긋나고 흥이 나지 않는다.

취향이 다르다는 것만으로도 상대와의 심리적인 거리가 생기는 것이다.

먼저 상대가 "당신은 어떤 꽃을 좋아합니까?"라고 질문을 할 때까지 자신의 의견을 포함시키지 않고 대화를 계속해야 한다.

그러면 신기하게도 상대는 점차 당신에게 흥미를 보이게 된다.

3

'맞장구', '끄덕임'은 중요한 도구이다

'맞장구', '끄덕임'으로 말을 재촉하면
중요한 정보를 얻을 수 있다.

강연을 하고 있으면 청중 중에서 반드시 '응, 응.' 하고 계속 고개를 끄덕이며 듣는 사람에게 시선이 간다. 그런 사람이 있으면 강연하는 사람은 '내 이야기를 잘 듣고 있구나.' 하고 안심감이 든다.

강연뿐만 아니라 프레젠테이션 등과 같이 일방적으로 이야기하는 경우도 듣는 사람의 반응에 민감해진다.

당신이 프레젠테이션을 할 때 사람들이 고개를 숙인 채 전혀 '맞장구'나 고개를 끄덕거려주지 않는다면 '이 프레젠테이션은 실패다.' 하고 불안해질 것이다.

일 대 일 대화에서도 '맞장구', '끄덕임'은 중요하다.

되풀이법을 사용해서 상대가 말한 키워드를 복창하면 대화를 어느 정도 이끌어낼 수 있지만 상대방의 모든 말을 복창할 수는 없다.

그래서 '맞장구', '끄덕임'을 활용함으로써 말을 하지 않고 다음의 내용을 재촉하는 것이다.

말하는 사람은 '맞장구', '끄덕임'을 보면서 '자신의 이야기에 흥미를 가지고 있다.'라고 느끼고 자신감을 가지고 더 말을 하고 싶어지는 것이다.

"그렇습니까."

"과연 그렇군요."

"그렇게 생각할 수도 있군요." 하고 고개를 끄덕거린다.

단지 이런 말이나 행동만으로 말하는 사람과의 사이에 공감대가 생기고 이야기할 생각이 없었던 '중요한 정보'를 들려줄지도 모른다.

4

'질문의 기술'을 익힌다

질문의 기술을 구사하면
화제의 주도권을 쥘 수가 있다.

인터뷰 전문가가 되어 상대방의 이야기를 듣는 것이 익숙해지면 대단히 즐겁다. 자신에 관한 것을 애를 써서 이야기하는 것보다 훨씬 만족도가 높아진다.

그러나 그저 맞장구를 치면서 복창만 해서는 정작 자신이 알고 싶은 내용으로 화제를 이끌어갈 수가 없다.

단순한 잡담이나 신변잡기라면 모르지만, 일과 관련된 경우라면 그런 느긋한 이야기를 하고 있을 수도 없기에 여기서는 질문의 기술이 요구된다.

질문을 잘하는 사람, 잘 들어주는 사람이 되기 위해서는 먼저 세 가지 법칙을 머릿속에 넣어두자.

① 상대에게 주목한다.

② 상대의 이야기 속에서 키워드를 발견해서 질문한다.

③ 자신의 의견은 상대가 묻지 않는 한 말하지 않는다.

이 법칙을 지키면서 '맞장구', '끄덕임'을 활용하면서 질문을 하면 좋다.

상대 : 오늘은 아침부터 기획회의가 있었습니다.

당신 : 그렇습니까요. 아침부터 수고 많았습니다. 회의의 주제는 무엇이었습니까요?

상대 : 신상품 판매 이벤트를 검토하는 회의였는데, 의견이 엇갈려서 고생했습니다.

당신 : 아, 그랬군요. 의견은 어떻게 엇갈렸습니까요?

이와 같은 식으로 상대의 이야기 속에 포함되어 있는 키워드(밑줄 친 부분)를 끄집어내서 깊이 있는 질문을 하면서 당신이 알고 싶은 것을 이끌어내면 된다.

질문을 할 때 상대방을 보지 않고 말을 하면 '뭔가 다른 속셈이 있는 건 아닐까?' 하고 상대방을 불안하게 만들어서 '이 사람은 대체 뭘 알고 싶어 하는 걸까.'라는 오해를 사는 경우도 있다.

'다른 사람에게 질문을 했으면서도 자기 이야기만 하고 있다. 정말로 내 이야기를 듣고 싶은 걸까?' 라고 상대가 생각할 가능성도 있다.

따라서 질문을 할 때에는 '상대에게 주목할 것, 키워드를 발견해서 질문할 것, 자신의 의견은 상대가 묻지 않는 한 말하지 않을 것.' 이 세 가지 법칙을 확실하게 머릿속에 넣어두자. 그리고 질문을 할 때의 목소리 톤도 대단히 중요하다.

"우체국에 사람이 많습니까요?"

이런 질문을 할 때, 말끝을 올려서 말하는 것과 내려서 말하는 것 사이에는 듣는 사람에게 주는 인상이 전혀 달라진다. 말끝을 내려서 물으면 질책하거나, 화를 내는 것처럼 들리기 때문에 주의해야 한다.

5

'호감형 대화법' 에서 대화를 주고받는 것은 불가결이다

대화를 주고받는 것에서 빼놓을 수 없는 것은
상대에 대한 '배려' 이다.

대화를 주고받는 것이 중요하다는 것은 모두가 알고 있을 것이다.

그래서 '대화를 주고받으려 하는데 왜 대화가 원활하게 이루어지지 않을까?' 라고 생각한 적은 없는가?

대화를 주고받는 것이 불가능한 사람은 일방적으로 말을 하거나 자기중심적인 사람, 분위기를 읽지 못하는 사람이라고 할 수 있다. 결국 상대방이 심리적으로 거리를 두어서 주고받는 것이 성립하지 않는 것이다.

당신의 주위에는 이런 사람이 없는가?

갑자기 전화를 해서 상대방의 의사는 확인하지 않고 일방적으로 자신이 하고 싶은 말을 하고는 "아, 너와 이야기해서 속이 시원해졌다. 그럼 나중에 봐!"라고 전화를 끊어버리는 사람, 또는 "이번 이벤트 기획서 말인데, 오늘 5시까지 완성해 놓게. 잘 부탁하네."라고 일방적으로 업무지시를 하고는 사라지는 상사.

말투뿐 아니라 행동도 일방적이지만, 혹시 '내가 이런 유형일지도 모른다.' 라고 생각하는 사람도 있을 것이다.

유감스럽게도 이런 유형은 전형적인 '비호감형 대화법' 이라고 할 수 있다.

당신은 이런 일방적인 대화법을 들으면 어떤 느낌이 드는가? 상대가 싫어지는 사람도 있을 것이고, 불쾌한 기분이 드는 사람도 있을 것이다. 좋지 않은 기분이 드는 것은 확실하다.

어쨌든 일방적으로 이야기하는 사람에 대해서 좋은 감정을 품는 사람은 없다. '저 사람은 자기중심적이다.' 라고 '불쾌한 사람 리스트' 에 이름이 올라갈 것이다.

이번에는 반대로 '대화를 주고받는 것이 가능한 사람이 아니라, '대화를 주고받는 것' 에 관해서 포기하는 사람도 있을 것이다. '즐겁게 대화를 주고받을 수 있는 사람' 이란 다양한 지식이나 정보를 알고 있고 유머도 있는 사람이라는 선입관을 가지고 있을지도 모른다. 하지만 일상의 대화를 그렇게 어렵게 생각할 필요는 없다. '대화를 주고받는다.' 는 것은 대체로 아래와 같은 느낌일 것이다.

A : 아, 드디어 금요일이다.

B : 이번 주는 힘들었어.

A : 맞아, 주말에는 뭐해?

B : 오랜만에 테니스를 칠까 하는데.

A : 재밌겠네.

B : A는 주말에 뭘 할 건데?

A : 가족봉사야.

지극히 평범한 대화지만 대화를 주고받는 것이 분명하다. 짧은 문장을 주고받지만 A와 B는 서로 힘들었던 일주일을 위로하며, 주말의 예정을 묻는 것으로 '너에게 관심을 가지고 있다.' 라는 마음을 전하고 있다.

이와 같은 평범한 대화를 주고받음으로써 인간관계는 형성되어 가는 것이다.

6

'비호감형 대화법' 에서 긴장감을 주는 공통된 어구

어떤 대화라도 대화의 시작에
부정어를 사용해서는 안 된다.

일방적으로 말을 하는 것은 아닌데 왠지 대화가 이루어지지 않는 사람의 대화법을 관찰하면 상대방에게 긴장감을 주는 듯한, 부정적인 단어를 쓰는 버릇이 있다는 것을 알 수 있다.

〈예1〉

A : 배고프지 않으세요?

B : 아니요. 방금 전에 뭐 좀 먹었어요.

A : 그래요. 그럼 저는 식사하러 다녀올게요.

B : 그런데 지금 시간대에는 몹시 붐빌 텐데, 시간을 좀 늦추는 것이 좋지 않을까요?

A는 허물없는 커뮤니케이션을 하려고 하는데 비해 B는 '아니요', '그런데' 로 시작되는 어구로 말을 잇고 있다. 그래서 분위기는 점점 나빠지고 A는 무의식중에 긴장을 하게 된다.

"그런데."

"하지만."

"그럴지도 모르지만."

"그렇지만."

의외로 이런 부정어를 말의 처음에 붙여서 쓰는 습관을 가진 사람이 많이 있다. 이런 부정어를 사용하지 않는 것만으로도 대화의 인상은 놀랄 만큼 달라진다.

〈예2〉

A : 배고프지 않으세요?

B : 어, 벌써 시간이 그렇게 됐나요. 근데 전 방금 전에 식사하고 왔기에 괜찮습니다.

A : 그래요. 그럼 전 식사하러 다녀올게요.

B : 예, 지금 시간대에는 몹시 붐빌 텐데, 시간을 좀 늦추는 게 좋지 않을까요?

예1과 예2의 말하고 있는 내용은 똑같은데 B의 대화는 처음에 긍정의 단어로 시작하는 것만으로 대화의 인상이 완전히 바뀌었다. 예2의 대화에서는 A와 B가 아주 사이좋게 느껴질 것이다.

"정말로."

"그렇군."

"과연."

"잘 알았다."

"그 말이 맞아."

이처럼 긍정적인 뉘앙스의 단어를 사용하도록 해야 한다. 그 자리의 분위기가 부드러워지고 대화에 흥이 날 것이다.

그런데 예1의 B가 사용하고 있는 '그런데'에는 아무런 의미도 없지만 '하지만', '어차피' 등의 단어의 사용은 상대방에게 긴장감을 주는 만큼 나쁜 습관이다.

알기 쉬운 예를 또 하나 들어보겠다.

A : 그 영화 재미있었지?

B : 근데 배역이 신통치 않았어.

A : 그래? 배우는 좋았던 거 같은데.

B : 아니야, 원작과 이미지가 너무 달랐어.

A : 하긴 원작과 영화가 전혀 다르긴 했지만, 그런 것까지 감안하고 보면 재미있었어.

B : 어차피 오락영화이니까?

옆에서 듣고 있어도 그다지 기분이 좋은 대화는 아니다.

평범한 대화라고는 해도 B와 같이 부정적인 언어를 쓰는 사람은 성격도 부정적일 거라는 인상을 준다.

'자신을 현명하게 보이려고 굳이 부정적인 것을 말하는 유형'의 사람도 있다. A처럼 "재미있었다."라고 직접적으로 표현하는 사람을 단순한 사람이라고 생각하는 것이다. 이런 사람에게 맞춰서 대화를 하려고 하면 피곤해질 뿐이다.

말하는 사람이 비꼬는 말을 하면 "흠, 그렇게 볼 수도 있구나. 그런데……."라고 화제를 돌려버린다. 또는 "어느 부분에서 그렇게 느꼈습니까?"라고 집요하게 추궁하기도 한다. 그리고 "그렇군."이라고 수긍하고 나서는 화제를 돌려버린다. 비꼬는 것이나 부정적인 반응을 무시하거나 부정하는 것이 아니라 있는 그대로 받아들이고 자연스럽게 흘려보내길 바란다.

7

대화는 대처법의 반복이다

말이 서툰 사람은 먼저
대화에 대한 부담감을 떨쳐버려야 한다.

대화에 자신이 없는 사람에게 '말하는 것'은 상당한 압박감으로 작용한다. 그래서 여러 사람과 적극적으로 대화를 하려고 하지 않는다. 그러나 자동차 운전도 연습을 하면 실력이 느는 것처럼 대화도 연습을 하면 향상된다.

실제로 말을 하는 상황을 분석해 보면 대화의 유형은 대체로 정해져 있다. 영어회화 책에 있는 회화의 예를 떠올려보자. '길 묻기', '생일 파티 초대', '여행 권유' 등 여러 가지 상황을 설정해 놓고 그때그때에 맞는 회화의 실례가 나와 있다.

대화란 그렇게 '대처법을 반복해 가는 것'으로 성립하는 것이다.

회사에 다니는 사람이라면 출근했을 때 직장동료들과 아침 인사로 시작해서 회의, 점심, 전화, 영업 등의 유형으로 나눌 수 있다. 따라서 '아침에 인사할 때에 하는 대화', '전화를 하거나 받을 때 사용하는 좋은 대화' 등 대화의 유형을 분류해서 기억하면 된다.

예를 들어 아침, 회사 엘리베이터에서 상사와 함께 탔다고 하자. 그럴 때에는 먼저 "안녕하세요. 좋은 아침입니다."라고 인사를 한다. 문제는 그다음이다. 엘리베이터 속에서 어색한 침묵이 흐르는 것은 피하는 것이 좋으며 아침에 어울리는 대화를 해야 한다. 이런 상황에서는 날씨 이야기가 무난하게 사용할 수 있는 화제이다.

"오늘은 날씨가 너무 좋습니다."라고 말하면 상대도 "그렇군요."하고 반응을 할 것이다. 여기서부터 대화가 진행된다.

상대가 축구를 좋아하는 사실을 알고 있다면 "어제 국가대표 시합 정말 대단했습니다." 등과 같이 축구에 관한 이야기를 하는 것도 좋다. 이것이 대화의 '대처법'이다. 그 자리에 어울리는 대화라면 무엇이든지 좋다.

말하는 것이 서툰 사람은 억지로 좋은 말을 하려고 부담을 갖기 때문에 오히려 긴장을 해서 어색한 대화가 되어버린다.

화를 내고 있는 사람에게는 그에 상응하는 대응법이 있고, 새로운 계약을 체결하려는 상대와의 대화에도, 특정한 유형이 있다. 이와 같은 몇 가지 유형을 반복해간다. 대화는 그렇게 해서 이어가면 기분 좋고 원활하게 말할 수 있게 되는 것이다.

8

'순간의 한마디' 를 연습하자

연습만하면 '순간의 한마디' 와
'대화의 실마리' 도 문제없다.

"'대화는 대처법' 이라는 말을 들어도 어떤 말을 하면 좋을지 모르겠다."라고 말하는 사람이 적지않다. 대화의 실마리를 잡지 못하고 침묵이 흐르고, 그 침묵에 긴장을 하게 되고 점점 더 무슨 말을 해야 할지 모르게 되는 것이다.

'영어회화는 연습을 해도 모국어회화는 연습할 필요가 없다.' 는 생각은 이상하지 않는가? 같은 어학이기 때문에 연습하면 향상되기 마련이다.

우선 어떤 장면에서 대화가 자주 막히는가를 종이에 써보자. 다음은 그때 어떤 말을 사용하면 좋은지를 생각해서 써

간다.

마지막으로 종이에 쓴 말을 상황을 떠올리면서 감정을 실어서 음독한다. 상대가 눈앞에 있을 때와 똑같은 목소리로 몇 번을 반복한다.

눈으로 읽고, 소리를 내서 연습하면, 실제로 그 상황에 직면했을 때, 연습한 말이 무의식중에 입에서 나오게 된다.

대화는 실마리를 잡으면 더 이상 무서울 게 없다. 이후에는 상대의 말을 복창하면서 슈퍼 인터뷰어가 되면 된다.

예를 들어 출근했을 때 엘리베이터 안에서 상사와 함께 탔다고 하자.

당신 : 안녕하세요. 좋은 아침입니다.

상사 : 좋은 아침이네요.

당신 : 오늘도 날씨가 참 좋습니다.

상사 : 꽤 더운 하루가 될 거 같군요.

당신 : 예, 부장님은 더운 걸 싫어하시나 봐요?

상사 : 식욕이 없어져서, 체력적으로 힘이 들거든요.

당신 : 그러세요. 정말 힘드시겠네요.

이 경우 인사는 조건반사로 이루어지기 때문에 연습해 두고 싶은 순간적인 한마디는 "오늘도 날씨가 좋습니다."이다. 이 한마디를 계기로 부장과의 대화가 이어지게 되는 것이다.

9

친한 사이라도 '호감형, 비호감형 대화법' 은 중요하다

커뮤니케이션은 이기고 지는 것이 아니라
마음을 소통하는 수단이다.

'비호감형 대화법' 을 쓰는 사람 중에는 대화를 커뮤니케이션의 도구가 아닌 '파워 게임' 의 도구로 사용하는 경우가 있다.

상대방을 설득하거나 자신의 의견이나 주장을 관철시켜서 상대방에게 '이기는' 것이 이런 사람들의 목적이다. 서로 이해하는 것이 아니라 경쟁하는 것이다. 자신의 생각대로 된 것에 만족하고, '자신은 교섭에 능하다.' 라고 기뻐하는 사람도 있다.

그러나 이때 상대가 어떤 기분인가를 생각하면 현명한 방법이 아니라는 것을 깨달을 수 있다.

누구나 '논쟁에서 진' 경험이 한두 번은 있을 것이다. 이럴 때 상대방에 대해 좋은 인상을 갖지 않았을 것이다. 그리고 '귀찮으니까 적당히 맞춰주자.', '이젠 저 사람과 교제를 끊자.' 라고 결심한 적은 없는가?

말로 상대방을 몰아붙여서 '예스' 라는 말을 들어도 인망이나 신뢰와 같은 중요한 요소를 잃어버려서는 본말전도(本末顚倒, 사물의 순서나 위치 또는 이치가 거꾸로 된 것)이다.

"그럼 어떻게 자신의 주장을 전하면 좋은가?" 하고 말하는 사람이 있기 때문에 대화의 황금법칙을 상기해야 한다.

'자신을 이해받기보다 상대를 이해하는 것이 먼저' 이다.

자신의 생각대로 일이 진행되지 않는 것을 초조해 하지 말고 '왜 상대방이 그렇게 하는 것인가?' 를 생각하며 알려고 하면 된다.

예를 들어 아내가 만들어준 도시락 반찬에 튀김이 들어 있다고 하자. 튀김은 수분이 많아서 밥이 눅눅해지고, 반찬으로 적당하지 않아서 남편은 화가나 귀가해서 바로 말한다.

"왜 도시락에 튀김을 넣었어?"

이와 같이 전형적인 '비호감형 말투' 로 말을 하면 아내는 지지 않고 다음과 같이 말할 것이다.

"그게 불만이면 이제 도시락을 안 싸면 되죠!"

이번에는 '호감형 대화법' 이다.

왜 아내는 도시락에 튀김을 넣은 것인가? 먼저 그 이유를 이해하려고 해보자.

남편 : 오늘 도시락에 왜 튀김을 넣었어?

아내 : 튀김은 당신이 좋아하고 어젯밤에 남아서……. 싫었어요?

남편 : 응, 물기가 나와서 밥이 눅눅해졌어.

아내 : 그래요, 미안해요. 이젠 튀김은 넣지 않을게요.

이것으로 만사는 OK다.

남편은 말싸움을 하지 않고 '도시락에 튀김을 넣으면 눅눅해지니 넣지 않았으면 좋겠다.' 라는 심정을 분명히 아내에게 전달했고 '튀김을 넣지 않는다.' 라는 합의를 얻었다.

이처럼 상대방의 기분을 상하게 하지 않고 '당신의 행동에는 고쳐야 할 점이 있다.' 라는 사실을 전달하면 기분 좋게 문제를 해결할 수 있는 것이다.

2장

호감형 대화법의 공통점

good conversation

1

‘호감형 대화법’ 이 가능한 사람은 대화의 교통정리가 능숙하다

‘호감형 대화법’ 이 가능하면
지지해 주는 동료가 늘어난다.

‘호감형 대화법’ 을 쓰는 사람은 많은 사람으로부터 지지를 받고 많은 기회를 얻을 수 있다. 왜 ‘호감형 대화법’ 을 쓰면 많은 사람으로부터 지지를 받고 많은 기회를 얻을 수 있는 것인가?

그것은 대부분의 사람이 ‘자신에 대해 알아주기를 바라고, 공감해 주기를 바라는’ 생각을 가지고 있는 것에서 기인한다. 따라서 회식 등 모두가 모여서 이야기를 하는 기회를 만들거나 자신에 대해 말을 하려고 하는 것이다.

그리고 이때 ‘호감형 대화법’ 을 쓸 줄 아는 사람은 그 자리의 ‘주도자’ 가 되어서 모든 사람들과 대화의 교통정리를 한다.

“와, A는 그렇게 생각했구나. B는 어떻게 생각해?”

“C는 전에 이런 말을 했었지?”

“D의 애인 이야기를 듣고 싶은데.”

이처럼 한 사람 한 사람이 말을 할 수 있도록 화제를 만들어간다.

그러면 A, B, C, D도 ‘하고 싶은 말을 할 수 있어서 즐거웠다.’ 라고 느끼고 ‘저 사람이 있으면 정말 모임이 즐거워진다. 다른 사람에게도 소개하고 싶다.’, ‘함께 일을 하면 잘할 수 있을 것 같다.’, ‘앞으로 잘 사귀어보고 싶다.’ 라고 생각할 것이다.

이처럼 흥미를 갖게 되면 존재감이 커지고 주위에는 사람들이 모여든다. 그리고 어떤 일을 시작할 때 그 사람들이 원동력이 되어준다. 이렇게 주위로부터의 지지가 ‘호감을 주는 사람’ 의 인생을 보다 풍족하게 만들어주는 것이다.

2

'호감형 대화법' 이 가능한 사람은 화제 전환에도 신경을 쓴다

상대에게도 화제를 돌리며
질리거나 지치지 않도록 배려를 한다.

가끔씩 이야기를 나누면 피곤해지는 사람을 만나는 경우가 있다.

'왜 이렇게 피곤해지는 것인가?' 라고 이상하게 생각해서 한참 동안 관찰해 보니 대화의 내용을 자신이 흥미 있는 화제로 두서없이 바꾸고 있는 사실을 알게 되었다.

예를 들어 이제까지 '휴가여행' 에 대해서 이야기하고 있었는데 "참, 역 근처에 새로 생긴 마트에 간 적이 있어?" 라는 식으로 갑자기 화제를 바꿔버린다. 같이 있는 사람들은 '여행과 마트, 무슨 관계가 있지? 마트에 여행사가 입점해서 할인이라도 해주고 있는 걸까?' 라고 생각할 것이다.

"아니, 아직 가보진 않았는데……." 하고 대답하자 "주차장이 넓어서 편리하더라고." 하고 전혀 관계없는 이야기를 계속한다.

대화가 오고가는 것이 아니라 한쪽으로만 쏠리고 상대방이 되물을 여유조차 주지 않는 것이다. 이런 대화가 계속되면 듣는 쪽은 완전히 지쳐버린다.

자신의 이야기가 일단 끝나면 "너는 어떻게 생각해?" 하고 상대방에게 화제를 돌리고 대답을 기다린다. 이것이 '호감이 가는 사람' 이 실천하는 상대를 피곤하게 만들지 않는 '대화법' 이다. 자신만 생각해서 두서없이 화제를 바꾸지 않는다.

화제를 돌리고 싶을 때에는 "말하는 것은 잘 알겠다."라고 전제를 한다.

이것들은 '호감형 대화법' 에는 반드시 공통되는 것들이다.

3

호감을 주는 사람은 감정을 드러내지 않는 대화법도 능하다

업무상 대화법에서는 '감정적이지 않는' 것이 '설득력이 늘어나는 것이다'.

"저는 몇 명의 직원을 둔 상사인데 직원들의 의욕을 북돋워 줄 대화법을 가르쳐주십시오."라고 말하는 사람이 많아졌다.

예전에는 '유능한 상사'라고 하면 '잠자코 나만 따라오라.'고 하는 원맨(one man) 유형이 많았다. 하지만 이젠 이런 원맨 유형의 시대는 끝났다. 이제는 팀워크의 시대이다.

주위의 비즈니스 종사자들도 동료끼리 협력해서 일을 하는 편이 효율도 좋고 높은 성과를 올리고 있다.

그리고 이런 팀을 이끌고 있는 것은 오늘날 주목을 끌고 있는, 촉진자(FT, Facilitator)라고 불리는 사람이다. 이 역할을 맡은 사람은 사람을 잘 활용하려는(살리려고 하는) 마음이 없어서는 안 된다.

즉 대화법의 황금법칙과 슈퍼 인터뷰법을 잘 알고 있으면서 대화를 진행하는 사람이다. '얼마나 좋은 점을 들어 잘 정리할 수 있는가?' 가 실력인 것이다.

예를 들어 보겠다.

어떤 회사의 회의실에서 '발생한 문제에 어떻게 대처할까?' 에 관해 의논을 하고 있다. 상사가 FT로 회의를 진행하고 있다.

상사 : 먼저 A, 문제의 경위를 설명해 주세요.

A : 의뢰인이 B에게 부탁했는데, 제가 그것을 모르고 직접 의뢰인에게 찾아갔습니다. 그래서 저와 B가 정보를 공유하고 있지 않은 것에 의뢰인이 화를 내면서…….

상사 : 그랬군요. B는 어떤 건을 의뢰받았나요?

A : 내년에 컴퓨터 10대를 도입하려고 생각하고 있는데, 그 견적을 의뢰받았습니다만…….

상사 : 어째서 그것을 B에게 말하지 않았는가요?

B : 내년의 일이어서, 아직 시간이 있다고 생각해서…….

상사 : 그래? A, 의뢰인은 어떻게 화를 냈는가요?

A : 다음 주 예산회의 준비를 위해 오늘 견적서가 필요했던 것 같습니다.

상사 : B는 그것을 알고 있었나요?

B : 기억에 없는데, 제가 깜빡했던 것 같습니다.

상사 : 상황을 알겠으니 이제 사죄하러 가야겠네요. 먼저 A는 예산회의용이니 할인되지 않은 견적서를 빨리 만드시고, B는 선물을 사오세요. 그럼 나는 의뢰인에 게 1시간 후에 찾아뵙겠다고 전화를 걸도록 할게요.

상사는 자신의 기분을 전혀 겉으로 드러내지 않는다. 어쩌면 이런 초보적인 실수를 범한 A와 B에게 무척 화가 났을지도 모른다.

그러나 그 화를 표현해 버리면 부하와의 커뮤니케이션이 원활히 이루어지지 않을 것임을 잘 알고 있다.

당연히 문제가 일단락된 뒤 부하를 질책할 필요는 있겠지만, 그때에도 "이런 일로 시간을 허비하다니 사회인으로서 실격이다."라는 식으로 혼을 내지는 말고, 다음과 같이 충고를 하면 부하의 마음을 사로잡을 수 있지 않을까 한다.

"이번 건은 정보공유 부족에 의한 실수 같네요. 하지만 사소한 일이라도 신뢰와 관련된 일이었기 때문에 의뢰인은 화를 냈을 거예요. 다행이 의뢰인 쪽에서도 너그럽게 양해해 주셨으나, 나도 이런 초보적인 실수를 범한 것에 대해서 유감스럽게 생각합니다. 앞으로의 대책을 함께 세워주길 바랍니다."

상사는 자신의 기분을 '유감'이라는 한마디만으로 표현했을 뿐이다.

장황하게 비판하는 것보다 이렇게 표현하는 편이 부하직원의 마음에는 강하게 남고, '이런 상사는 믿고 따를 수 있다.' 라고 신뢰도가 높아질 것이다.

4

말이 아닌 느낌으로 말하는 것이 좋을 때도 있다

개인적으로는
감정으로 말하는 것이 편해진다.

"저 사람, 좋은 사람인 것 같아."라고 주위로부터 평가받고 있는 사람은 자신이 생각하고 있는 것을 말하지 않고 가슴속에 담아두는 경향이 있다. 그러다가 '더 이상 대인관계 스트레스를 참을 수 없다.' 라며 상담을 오는 경우가 있다.

그들은 왜 생각하고 있는 것을 말로 표현하는 걸 어려워하는 것인가?

무신경한 사람에게서 들은 한마디가 마음속에 남아 있기 때문일까? 아니면 이유 여하를 막론하고 일방적으로 부탁만 하는 사람이 있어서일까?

그들은 쉽사리 '나만 참으면 되지 않나.' 라고 자신의 속마음과 기분을 가슴속에 담아두기 때문이다.

'왜 저 사람은 일방적으로 저런 말을 하는 걸까?'

'왜, 나한테만 강요하는 걸까?'

이와 같이 한없이 고민만 하다 결국 그것이 인간관계의 스트레스가 되어버리는 것이 아닐까 한다.

본인의 진의를 확인하지도 않기 때문에 이 '고민' 은 쓸데없이 자신을 소진하며 스트레스만 쌓여간다. 그래서 당신의, 마음의 감정을 겉으로 표현하기를 바란다.

예를 들어 대인관계에서 '이상하다.' 고 생각되는 일이 있을 때 말의 표현이나 행동으로 반론하면 싸움으로 발전하기가 쉽다.

"사회인으로 그런 표현은 너무 무신경하지 않아?"

"상식적으로 생각해도 이쪽 사정을 확인하고 나서 부탁을 하는 것이 도리가 아닌가?"

옳은 말이지만 선전포고로 들릴 수도 있다. 게다가 상식이나 사회인으로서의 매너를 내세우며 정당성을 주장하고 있지만, 당신이 '상처받았다.' 고 하는 사실은 겉으로 표현하지 않는 게 좋다.

한편 감정으로 말을 하면 이렇게 된다.

"그런 식으로 말하다니(부탁을 하다니) 솔직히 충격을 받았다."

그 자리에서 감정을 표현한다고 해서 당신 자신이 고민하고 스트레스를 받는 일은 없을 것이다.

"내가 미처 거기까지 생각하지 못했다. 미안하다."라고 사과하지는 않더라도 말로 표현을 하면 당신의 마음도 시원해지고 상대방도 '앞으로는 조심하자.' 라고 생각할지도 모른다.

자신이 느낀 것을 솔직히 말로 표현함으로써 마음이 편해지고 인간관계로 고민하는 일도 적어질 것이다.

물론 평소의 대화에서 감정으로 말해도 좋다. 지금까지 감정을 마음속에 감춰두고 있던 사람은 처음에는 저항감이 있을지도 모른다. 하지만 먼저 "즐거웠다. 또 가고 싶다.", "조금 상처받았다." 정도의 말하기 쉬운 것부터 말로 표현하되 형식적인 표현이 아니라 진실한 마음으로 해야 한다. 처음에는 의식하면서 말을 하다 보면 조금씩 자신이 말하고 싶은 것을 잘 전달할 수 있게 될 것이다.

단, 어디까지나 자신의 마음의 감정을 말로 표현하는, 실황을 중계하는 것뿐이지, 상대방을 힐난해서는 안 된다.

5

'호감형 대화법' 이 가능하면 인맥이 넓어지고 자신의 '꿈' 을 실현하기 쉽다

자기소개는 자신의 인상을 갖게 하면서
꿈을 실현하는 기회이다.

파티처럼 사람들이 모이는 장소에서 자신의 이야기만 하는 사람을 볼 수 있다. 열심히 자기주장을 하고 있어서 귀를 기울여보면 '이 사람은 또 만나고 싶다.' 라고 생각되는 사람은 거의 없다.

그럼 파티에서의 '호감형 대화법' 이란 어떤 것인가?

파티에서는 처음 만나는 사람이 많기 때문에 '호감도가 높은 방법으로 자신에게 좋은 인상을 갖게 하는 것' 이 중요하다.

"처음 뵙겠습니다. ○○○입니다." 라고 인사하면 사회인으로서 합격이지만, 그다지 파격적인 복장을 하고 있지 않는

한, 그것으로 끝이다. 또 "○○회사의 ○○○입니다."라고 먼저 회사명을 말하는 사람도 있지만, 업무관련 모임이 아닌 한, 이런 인사방식은 바람직하지 않다. 이 경우도 '이름은 잊어버렸지만 ○○회사 사람이 있었던 거 같은데요?' 라고 이름이 아닌 회사명밖에 기억하지 못하는 경우가 있다.

여담이지만 우리나라 사람들은 소속회사를 말할 때 너무 틀에 박힌 듯이 말한다. 서양에서는 회사명이 아니라 자신의 일(예: 영업, 회계사, 교원, 인사 등)의 역할을 덧붙인다.

서양처럼 하지는 않아도 이렇게 인사를 하면 어떨까 한다.

자기소개에 조금만 변화를 주는 것만으로도 좋다.

"요즘 회계사 공부에 열중하는 ○○○입니다. 처음 뵙겠습니다."

이런 식으로 당신의 취미나 장점 등 PR 포인트 등을 자기소개를 할 때 덧붙여 말하는 것만으로도 좋다.

"조경 사업에 관심이 있는 ○○○입니다."

"취미로 서예를 배우고 있는 ○○○입니다."

"A급 자격증 공부를 하고 있는 ○○○입니다."

취미나 자신 있는 일, 혹은 자신의 장점 등 무엇이든 좋다. 이런 자기소개를 들은 사람은 "○○○ 씨, 조경 사업이라면 원예 사업에도 관심이 있으시겠군요?" 하고 화제가 넓어지기도 하고, 며칠이 지난 뒤에도 '조경사업의 ○○○ 씨' 라고 기억할 것이다.

그리고 그 파티로부터 3개월 후, 지인이 집을 짓게 되었다면 "맞아, 그 사람에게 물어봐야지."라고 할지도 모른다. 이처럼 점점 인맥의 범위가 넓어져 간다.

만약 당신이 꿈을 가지고 있다면,

"소설가를 꿈꾸는 ○○○입니다."나 "카페를 갖는 것이 꿈인 ○○○입니다."라고 자신의 꿈을 넣어서 자기소개를 하는 것도 좋을 것이다. 그러면 그 꿈을 응원해 주는 동료가 나타나기도 한다.

"소설 신인상이 새로 생겼는데 알고 있어요?"

"아는 사람 중에 은행 융자담당을 하는 사람이 있는데 카페를 하는데 도움이 될 수도 있으니, 한번 만나볼래요?" 하는 일이 생길수도 있고, 꿈을 실현하기 위한 제일보를 내디딜 수도 있다. 지원해 주는 사람을 만나면 어느새 당신의 꿈은 더 이상 꿈이 아니다.

이력서를 만든다는 생각으로 당신의 '삶 이야기', 즉 '개인사' 를 만들어두는 것도 추천한다. 당신이 지금까지 해온 일, 도전한 일, 달성한 일을 적어보는 것이다. 그러면 '삶 이야기의 어디에 초점을 맞출 것인가' 에 따라 당신이라는 인간에 대한 '포인트'가 바뀐다.

어릴 적 배웠던 취미, 부모의 사정으로 살던 나라나 동네, 학생시절에 열중했던 동아리나 취미, 지금도 열광적인 팬이자 좋아하는 아티스트 등 겉으로 보이는 모습으로는 상상할 수 없는 일면을 가지고 있다.

"처음 뵙겠습니다. ○○○입니다. 평소에는 직장인이지만 사실은 어릴 때부터 현재까지 20년 동안 유도를 하고 있습니다."

이처럼 상대방이 흥미를 가질 만한 것이나 예상하지 못한 일면을 자기소개에 집어넣는 편이 상대방에게 깊은 인상을 줄 수 있다. 듣는 사람은 '의외의 일면'에 '흥미'를 느끼기 마련이다.

자기소개와 관련한 재미있는 에피소드가 있다.

예전에 내(필자)가 워싱턴에 살았을 때, 하나의 모임을 만들었다. 이 모임의 규칙은 '명함을 교환하지 않는다.', '처음에 직업을 말하지 않고 묻지도 않는다.'였다. 그 대신 자기소개를 할 때에는 자신의 특기를 발표하도록 하였다.

"스웨덴식 마사지가 특기인 ○○○입니다."

"요리하는 걸 좋아하는 ○○○입니다. 특기는 냉장고를 열어, 안을 들여다본 순간 메뉴가 떠오르는 것입니다."

이런 자기소개를 했는데 재미있게도 한 번 들은 것만으로 '저 사람은 마사지가 특기', '저 사람은 요리를 잘한다.' 라고 기억할 수 있었던 것이다.

더욱이 그 기억은 그로부터 10년 이상 지난 지금까지도 선명하게 기억하고 있다.

'특기' 를 말하는 형식으로 자기소개를 한 후에는 대화가 더 즐거워진다.

"스웨덴식 마사지는 어떻게 하는 거지요?"

"나는 요리가 서툰데, 가르쳐줄래요?" 하고 처음 만난 사이라도 단숨에 가까워진다.

각자가 특정 장르에 능한 사람에게 흥미를 가지고, 특기를 화제의 실마리로 해서 대화가 고조되는 것이다. 틀에 박힌 '직업 등을 이야기하는' 자기소개를 했었다면 이렇게는 되지 않았을 것이다.

입장의 상하가 아닌 평등한 인간관계를 쌓는 것은 아주 흥미진진한 일이다. 그리고 어떤 장면에서도 '관심' 이 있는 사람과의 대화는 즐거워지고 인상에 오래 남는다.

6

'호감형 대화법'이 가능한 사람은 거절에도 능하다

'능숙하게 거절하는 사람'이 되면 다른 사람의 시간을 빼앗지 않고 인생을 더 향유할 수 있다.

'호감형 대화법'이 가능한 사람은 굳이 티를 내지 않고도 거절하는 요령을 알고 있다. 그래서 하고 싶지 않은 일을 해야 하는 상황이 되거나, 가고 싶지 않은 접대에 가야만 하거나, 원하지 않는 것을 사는 경우는 없다.

또 '원만히 거절하게 되면' 인생이 지금까지 이상으로 충실해진다. 반드시 능숙하게 '거절하는 기술'을 익히기를 바란다.

그럼 왜 '능숙하게 거절'을 할 수 있게 되면 인생이 충실해질까?

그것은 당신이 쓸데없는 일을 하거나, 갈 필요가 없는 장소에 가는 일이 없기에 자신의 시간이 늘어나기 때문이다. 그리고 중요한 일이나 개인시간에 힘을 집중할 수 있기에 인생을 즐길 수 있게 된다.

여기서 누구나 원만하게 거절을 할 수 있는 '예스, 노, 예스의 샌드위치 대화법'을 시험해 보자.

예를 들어 당신이 회식 자리에 초대받았지만 그 사람과 마실 때에는 늘 즐겁지가 않아, 가능하면 가고 싶지 않지만 거절하면 사이가 멀어지는 것이 걱정이 된다. 이럴 때에는 다음과 같이 능숙하게 말하면 합격이다.

"초대해 주셔서 고맙습니다. 그런데 죄송합니다. 실은 그 날 고향에 계신 친척분이 오시기로 하셔서 마중을 가지 않으면 안 됩니다. 참석하신 분들과 즐거운 시간을 보내시기 바랍니다!"

여기에서의 포인트는 "초대해 주셔서 고맙습니다."(예스)라고 먼저 분명하고 밝게 감사의 말을 한 다음에 '갈 수 없는 이유'(노)를 말한다. "즐거운 시간을 보내시기 바랍니다!"(예스)라고 웃는 얼굴로 마무리를 하는 것이 중요하다.

요령은 단 두 가지이다.

첫 번째는 거절하는 것에 죄책감과 미안함을 느끼지 않는 것이다. 거절하는 이유는 거짓말이지만 '자신을 지키기 위해' 라고 생각하면 신경을 쓸 필요가 없다.

두 번째는 '거절의 말을 단숨에 전하는 것' 이다. "초대해 주셔서 고맙습니다."의 다음에 간격을 두면 "그럼 8시에 그 음식점에서 기다리고 있겠습니다."라고 상대가 바로 말을 하면 더 거절하기 어려워진다. "친척이 오시기 때문에."라고 말한 다음에 간격을 두면 "친척분이라면 그쪽을 거절하면 괜찮겠네요."라고 설득당할 가능성도 있다.

"친목의 권유는 가볍게 거절할 수 있지만, 업무관계에서는 쉽사리 거절할 수가 없다."고 하는 경우도 있다.

그럴 때에도 '예스, 노, 예스의 샌드위치 대화법' 으로 대응할 수 있다.

점심시간이 끝나고 사무실에 돌아오니 상사로부터 "이 자료를 5시까지 정리하라."는 업무지시를 받았다.

하지만 상사의 말대로 그 일을 하면 야근을 하게 될 것이 확실하다. 그러나 오늘은 약속이 있다. 이럴 때에는 먼저 상사에게 자료를 받고 살짝 눈을 응시한다.

그리고 "이것을 업데이트하는 것이네요. 내일 아침 10시 반까지는 끝낼 수 있을 것 같은데요, 그래도 괜찮으신지요?"

하고 당신의 스케줄에서 무리가 가지 않는 예정을 상사에게 말하는 것이다.

그러면 상사는 "내일까지는 기다릴 수 없으니 다른 사람에게 지시하겠다." 또는 "내일까지 괜찮으니 그렇게 해주게." 라고 할 것이다.

당신은 한 마디도 거절하는 말을 사용하지 않고 상사의 "5시까지."라는 의뢰를 거절할 수가 있는 것이다.

상사로부터의 업무지시도, 동료로부터의 회식 초대도 모두 '예스' 라고 받아들이고 자신을 희생한다면 단지 만만한 사람에 지나지 않는다.

그런 만만한 사람에서 '능숙하게 거절하는 사람' 으로 변신한 것으로 업무의 질이 향상되고 승진한 사람도 있다.

7

'호감형 대화법' 이 가능한 사람은 기분 좋은 목소리를 낸다

목을 열고 말하는 것만으로도
아주 듣기 쉬운 목소리가 된다.

당신의 주위에도 '호감형 대화법' 을 쓰는 사람이 있을 것이다. 그 사람들을 떠올려 보자. 그들의 목소리는 '듣고 있으면 기분이 좋은' 공통점이 있다.

'말을 잘하는 사람' 은 침착하고 신뢰감 있는 목소리로 말을 한다. 그리고 '말을 잘하는지' 어떤지를 인상짓는 요소로써 '기분 좋은 목소리' 는 아주 중요한 포인트가 된다.

'그렇게 말로 하기는 쉽지만 천성적으로 목소리가 그렇지 않은데…….' 라고 생각하는 사람도 적지않을 것이다.

목소리는 골격과 관련이 있어서 천성적인 요소도 작용하지만 연습에 따라서는 누구라도 '듣기 좋은 목소리' 가 될 수 있다.

그럼 어떻게 하면 '기분 좋은 목소리' 를 낼 수 있을까?

그것은 '목을 열고 소리를 내려고' 하면 된다. 시험 삼아 목소리가 잘 나온다면 '목을 여는 것' 을 의식해서 '아~' 라고 목소리를 내보자.

> "처음 뵙겠습니다. OOO입니다."

"안녕하세요.", "예, ○○회사입니다."와 같이 평소에 자주 쓰는 말을 연습한다.

여기서 말하는 '목' 은 성대를 말한다. 성대가 열려 있지 않으면 좋은 목소리가 나오지 않는다. 부드럽게 목소리가 나오지 않을 때에는 욕조에 몸을 담그고 연습을 해보자. 긴장을 풀고 편안한 상태에서는 성대도 따뜻해지고 듣기 쉬워진다.

게다가 욕실은 소리가 울리기 때문에 자신이 듣기에도 좋은 목소리로 들리고 즐겁게 연습할 수 있다.

내(필자)가 실천하고 있는 방법 중 하나가 운전 중에 혼자서 노래를 하는 것이다. 또 '목' 은 열고 사용하지 않으면 좋은 목소리가 나오지 않게 된다.

오랜만에 노래방에 가면 '이렇게 노래를 못 했나.' 하고 실망한 적이 있다. 두 곡, 세 곡 노래를 부름에 따라 평소의 목소리가 나온다.

목을 열고 적극적으로 사용하는 것이 '듣기 좋은 목소리'가 되는 비결이다.

'아침 회의에서 좋은 목소리를 내고 싶다.' 라고 할 때에는 일어나서 적극적으로 목소리를 내도록 해야 한다. 가족이나 출근 도중에 만나는 사람과의 인사는 물론 신문이나 회의에서 사용하는 자료를 음독해 보는 것도 좋다.

듣기 좋은 목소리는 듣는 사람에게 자연스럽게 귀를 기울이게 하는 특성을 가지고 있다. '이 사람의 이야기는 더 듣고 싶다.' 라는 느낌을 주고 상대방에게 '좋은 인상' 으로 기억된다.

"장시간 계속해서 말을 하면 목소리가 쉬기 때문에 연습할 수 없다."라고 하는 사람은 성대가 닫힌 상태로 말하는 사람이다. 이런 사람의 목소리는 울리지 않기 때문에 볼륨을 크게 하지 않으면 들리지 않는다. 큰 목소리를 내려고 하면 목에 부담이 간다. 그래서 점점 목소리가 쉬는 악순환이 계속되는 것이다.

장시간 말을 하면 목소리가 쉽게 쉬는 사람은 성대를 열고 말을 하도록 유의해야 한다. 또 생각지도 않은 것을 말할 때에는 저절로 성대가 긴장하고 듣기 거북해진다.

8

기분 좋은 목소리를 낼 때에는 템포와 간격이 중요하다

상대방을 한 번에 이해시키기 위해서는 천천히 대화의 사이에 간격을 두고 말을 한다.

듣기 좋은 목소리를 마스터하면 다음은 듣기 좋은 템포를 배워야 한다. 포인트는 두 가지이다.

말을 빨리 하는 사람이 특히 신경을 써야 하는 것 중 하나는 '처음의 3~4단어는 천천히 말하는 것' 이다.

말을 빨리 하는 사람과 이야기를 하고 있으면 재촉을 받는 듯한 기분이 되거나 묘하게 피곤해지지 않는가?

바쁠 때 말을 빨리 하는 것은 어쩔 수 없다고 해도 평소에 말을 빨리 하는 사람은 '성급한 사람' 이라는 인상을 줘서 듣는 사람을 피곤하게 한다.

그러나 처음의 3~4단어를 천천히, 분명하게 말하다가 그

후에 다소 말이 빨라진다고 해도 '말을 빨리 한다.' 라는 인상을 별로 주지 않는다.

두 번째는 문장과 문장 사이에 약간 간격을 두는 것이다.

간격을 두면 듣는 사람이 이해하는 시간을 주는 것이 되기 때문에 커뮤니케이션이 보다 원활해지고 상대방에게 침착한 인상을 줄 수가 있다.

"나는 어제 너무 피곤해서 (간격) 자료를 살펴볼 시간이 없었어요."

"예를 들어 오늘 아침 신문에도 나온 것이지만요."

이처럼 템포나 간격을 의식해서 말을 하는 것만으로 듣기 좋은 대화법이 된다.

"템포까지 의식할 필요가 있나? 자신의 템포로 말을 하면 되지 않나?"라고 하는 사람도 있을 것이다.

그런 말을 하는 심정은 이해하지만 상대방에게 말하는 내용을 한 번에 이해시키기 위해서 템포는 대단히 중요하다.

듣기 어려운 대화법을 쓰면 듣는 사람은 의식을 집중해서 들어야만 한다.

더욱이 듣지 못한 부분이나 오해가 있을지도 모른다는 불안 때문에 다시 듣거나 확인하는 경우가 늘어나서 피곤해진다.

그래서 사전에 '알아듣기 쉬운' 대화법을 쓰는 것이 상대방에 대한 예의이다.

9

대화의 시작에 '암시'를 하는 배려를 갖자

암시를 하면
다음의 대화가 원활하게 이루어진다.

당신은 부탁을 하거나, 상담을 할 때에 '암시'를 하고 있는가?

"좀 여쭤볼 게 있는데, 시간이 있으신가요?"

"잠깐 물어볼 게 있는데 지금 괜찮으세요?"

이런 식으로 이야기를 하기 전에 '시간이 괜찮은지'를 상대방에게 물어보는 것이다. 그것만으로 상대방은 마음의 준비를 할 수 있고, 상황이 여의치 않으면 다음으로 넘길 수 있다.

"그럼 회의실에 먼저 가계시죠. 금방 가겠습니다."

"죄송합니다. 회의가 있어서 5분 정도밖에 시간이 없는데 괜찮으세요?"

"지금은 시간이 없고 30분 뒤라면 괜찮습니다만."

이렇게 상대방의 사정을 묻는 암시를 하면 상대방도 자신의 상황을 말할 수 있고 '이야기를 듣겠다.' 라고 하는 마음의 준비를 할 수 있기 때문에 당신의 말에 100퍼센트 집중할 수 있다.

친한 사이나 그렇지 않은 사이라도 '암시' 를 잊지 않는 것이 인간관계를 원활하게 해주는 비결이다.

3장

대화법에서의 착각은 이렇게 많다

good conversation

1

‘호감형 대화법’ 은 ‘말을 잘하는 사람’ 이 아니다

‘말을 잘하는 사람’ 은 ‘모두가 말을 할 수 있게 하는 것’ 에
신경을 쓰면 인기를 얻을 수 있다.

“대화법을 연습하고 싶다.”라고 하는 사람 중에는 ‘호감형 대화법’ 을 ‘말을 잘하는 사람’ 이라고 착각하는 사람이 있다. 이 양자에는 전혀 다른 능력이 요구되는 것으로 양쪽 다 잘하는 사람은 거의 없다.

‘말을 잘하는 사람’ 이란 청중을 향해 일방적으로 말하는 것이 특기인 사람을 가리킨다. 강연 등에서 시간을 관리하면서 임기응변으로 화제를 선택하고 혼자서 계속 말을 하는 능력이 요구된다.

그러나 ‘호감형 대화법’ 이 가능한 사람은 그 자리에 있는 사람과의 공간을 편안한 것으로 만들 수 있다. 즉 사람들이

공감하면서 이야기를 나눌 수 있는 자연스럽게 화제를 컨트롤할 수 있는 사람을 가리킨다.

그런데 '나는 호감형 대화법을 쓰고 있다.' 라고 믿고 있는 사람 중에 '말을 잘하는 사람' 이 섞여 있는 경우가 있다. '말을 잘하는 사람' 의 말은 확실히 재미있지만 강연이나 연설의 장소 이외에는 장황하게 이어져서 듣는 사람은 흥미를 잃어버린다.

'말을 잘하는 사람' 은 서비스 정신이 왕성하다. 모두를 즐겁게 하려고 '자신의 이야기를 해버리는 것' 뿐이지 전혀 나쁜 생각은 없다. 그 서비스 정신을 '모두가 말을 하게 하자.' 라는 방향으로 발휘할 수 있다면 '말을 잘하는 사람' 은 손쉽게 '호감형 대화법' 이 가능한 사람이 될 수 있다.

2

침묵의 간격을 두려워해서는 안 된다

'간격' 은 사랑이지만, '어색한 순간' 에는
몸을 움직여서 ' 분위기 '를 바꿔야 한다.

'대화법' 뿐 아니라 커뮤니케이션 전반에 걸쳐 불안이나 거부감을 가지고 있는 사람 중에는 "대화중의 침묵이 무섭다." 라고 하는 사람도 있다.

특히 일 대 일 대화를 하고 있을 때 문득 찾아오는 침묵의 순간은 이상하게 초조감을 느낀다.

'아무 말도 하지 않는 것은 나와 함께 있는 것이 시시해서가 아닐까?', '자신의 말과 행동 때문에 상대가 기분이 나빠진 것은 아닌가.' 하고 불안해진다. 그래서 그런 순간이 무섭고 거북하다고 말한다.

'침묵공포증' 인 사람 중에는 수다스러운 사람이 많은 것도 특징이다. 실은 침묵이 무서워서 계속 말을 하는 것이다.

그 마음은 잘 알고 있다. 누구와도 말을 할 수 있는 달변가에게 침묵의 순간은 너무 무서운 것이다. 하지만 나(필자)는 '침묵의 순간은 사랑'이라고 생각한다. 간격(침묵의 순간)을 두는 것은 상대방에 대한 배려이다. 자신이 말한 것에 대해서 '이해하기' 위한 시간인 것이다.

예를 들어 거래처에서 상담을 하고 있을 때, 당신이 거래처에 팸플릿을 보여주면서 새로운 제품에 대해 설명을 하고 있다고 가정하자.

당신 : 발매 시기가 겨울이니 눈을 이미지한 색상을 고려했습니다. 어떤가요?

거래처 : …… (침묵) 그렇군요……. (다시, 침묵)

이때의 침묵은 상대방이 '이해하기 위해' 필요한 시간이다. 거래처는 당신이 제안한 아이디어를 지금 처음 보고 있다. 보고 나서 바로 감상을 이야기할 수 없는 것일지도 모른다.

거래처 사람은 침묵하고 있지만 그때, 여러 가지를 생각하고 있는 것이다. 이럴 때 침묵의 순간을 무서워해서 바로 재촉하듯 이런저런 말을 해버리면 거래처 사람은 혼란스러워진다. 상대방은 지금 불분명한 점을 질문하려고 생각하고 있는 중인지도 모른다.

그러나 성급한 사람은 상대방의 대답을 기다리지 않고 줄기차게 말을 하는 경향이 있다.

A : ○○○ 씨, 이 안건 어떻게 생각해요?

B : 이거 말이죠……. (침묵)

A : 나는 시장조사보다도 과거의 데이터 분석을 먼저 하는 게 좋을 것 같은데요. 어떻게 생각하세요?

B : 흠……. (침묵)

생각하거나, 그것을 말로 하는 속도는 사람에 따라 다르다. 말을 너무 빨리 하면 상대방은 생각할 시간조차 없을 것이다. 상대방의 대답을 기다리는 것, 그리고 간격을 두는 것은 상대방에 대한 배려이며, '이해하는 데' 필요한 시간이라는 것을 기억해 두자.

한편 '방치해서는 안 되는 순간' 도 존재한다. 예를 들어 회의 등에서 의논이 막히거나 누군가의 발언에 의해 분위기가 얼어붙거나, 침묵이 흐르는 순간이다. 즉, '사랑의 순간' 이

어느 여성과 이야기를 하고 싶은가?

필요한 '간격'을 무시하는 여성

방치해서는 안 되는 '간격'을 알고 있는 여성

아니라 '어색한 순간'이 생겼을 때이다. 그 자리에 있는 누구라도 견딜 수 없는 기분이 되거나, 어떻게 하면 좋은지 모른다. 그럴 때에는 다음과 같은 말을 해서 분위기를 바꾸고 전환해 보자.

"차가 식었네요. 따뜻한 커피를 내오겠습니다."
"좀 더운데 창문을 여는 게 좋지 않을까요?"
"죄송합니다. 급한 전화가……. 잠깐 자리를 비워도 될까요?"

이처럼 말을 하면서 실제로 몸을 움직여서 그 자리의 어색한 분위기를 바꾸는 것이다. 그러면 숨 막힌 침묵이 흐르고 있던 실내에 새로운 공기가 흐른다.

"자, 5분간 휴식합시다. 저도 잠깐 바깥 공기를 쐬고 오겠습니다."처럼 제안하는 것도 좋을 것이다. 모두가 몸을 움직일 계기가 된다.

당신이 회의실에 돌아올 때에는 다른 사람들도 적당히 몸을 움직여서 여유가 생겼을 것이다. 그리고 새로 내온 커피를 마시면서 회의를 재개하면 한층 효율이 좋은 시간이 될 것이다.

3

보디랭귀지를 무시하고 있지 않는가?

보디랭귀지가 주는 영향은
상상 이상으로 크다.

보디랭귀지는 언어와 필적할 정도의 많은 정보를 상대방에게 전하고 있다.

“잘 부탁드립니다.”라고 말하고 있는데 몸은 외면을 하거나, 인사도 하지 않거나 하면 “잘 부탁드립니다.”라는 마음은 전달되지 않는다. 오히려 상대방은 ‘이 사람은 왜 화를 내고 있는 것일까?’ 라는 의구심이 들기도 한다.

보디랭귀지는 ‘언어’ 와 ‘몸’ 의 이중메시지로 양자가 일치하지 않으면 위화감을 준다.

많은 사람이 무의식적으로 보디랭귀지를 사용하고 있지만, 능숙한 사람과 그렇지 못한 사람이 있다. 자신의 기분이 상대에게 전해지지 않거나, 지나치게 오해나 착각을 많이 한다고 생각하는 사람은 다음의 세 가지 포인트와 자신의 보디랭귀지를 비교해 보자.

그 포인트는 ①'웃는 얼굴.' ②'눈을 맞춘다.' ③'상체를 조금 앞으로 숙인다.' 이다.

첫 번째, '웃는 얼굴' 은 웃는 얼굴로 말하는 사람과 양미간을 찡그리면서 말하는 사람 중 어느 쪽이 호감이 갈까?

당연히 웃는 사람에게 친근감이 간다. 양미간에 주름을 지으며 험한 표정을 하고 있는 사람에게는 가까이 다가가기 거북한 인상이 부각되고 있다.

두 번째, '눈을 맞춘다.' 라는 것은 부끄러운지 상대의 눈을 보고 말하는 것을 거북해 하는 사람이 있는데, 상대가 시선을 피하면 '내가 싫은 것일까?', '대체 무슨 생각을 하고 있는 것일까?' 하고 불안감을 느낀다.

상대방의 눈을 계속해서 응시할 필요는 없다. 때로는 시선을 돌리고 손에 든 자료나 넥타이 부근에 시선을 주고, 다시 눈을 맞춘다. 그러면 심리적 압박감은 가벼워진다. 대화의 중간 중간에 눈을 맞추는 것을 의식해 본다.

세 번째, '상체를 약간 앞으로 숙인다.' 는 상대방에게 질문을 하면 그 대답이 나오는 것을 반기는 동작이다. 거만하고

보디랭귀지의 세 가지 포인트

웃는 얼굴

눈을 맞춘다

상체를 조금
앞으로 숙인다

앞에서 본 그림

옆에서 본 그림

서로의 긴장을 완화해주면서 앉는 법

특히
여성에게 추천한다

몸을 조금 옆으로 하고
얼굴은 정면을 향한다

뻣뻣하게 있으면 대답을 하기가 거북하지만 조금 서로 간의 거리가 가까워지는 것만으로 자신의 진지함이 전해진다.

예를 들어 “어떻습니까요?” 하고 말하면서 상체를 조금 앞으로 숙이고 부드러운 시선으로 상대의 대답을 기다린다. 상대가 깨달을 듯 말 듯할 정도의 움직임으로 충분한다.

보디랭귀지는 처음에는 의식을 하면서 실행해야겠지만 이내 습관이 된다. 효과 만점이니 꼭 시험해 보아라.

그리고 책상을 사이에 두고 일 대 일 대화를 할 때 서로 간의 긴장감을 완화시켜주는 앉는 법은 다음과 같다.

서로 정면으로 앉으면 두 사람의 ‘기’가 정면충돌하기 때문에 아무래도 긴장감이 높아진다. 그럴 때에는 몸을 아주 약간 옆으로 향하고 얼굴만 정면을 행한다. 그러면 신기하게도 압박감이나 긴장감이 부드러워진다(86쪽 그림 참조).

4

대화의 템포는 상황에 맞춰서 사용하면 좋다

상황에 적합하지 않은 템포의 응답은
인간관계에 쓸데없는 스트레스를 준다.

얼마 전 한 도시에 일관계로 갔었다. 고속열차가 정차하는 큰 역이 있는 도시였다. 그런데 그 도시에서 내가 사용하고 있던 여행가방 바퀴가 고장이 나서, 도저히 여행을 계속할 수 없는 상황이 벌어졌다. 기차 출발시간이 30분 후로 임박해서 급하게 새것을 사기 위해 상가로 갔다.

그 역 건물에서 쇼핑을 하는 것은 처음으로, 어디에 무엇이 있는지, 여행가방을 팔고 있는 상점이 있는지도 확실하지 않았다. 바퀴가 고장 난 여행가방을 끌면서 안내창구로 갔다.

"잠깐 물어볼 게 있는데요, 여행가방을 팔고 있는 상점이 어디에 있습니까요?"

시간이 없었기 때문에 말을 빨리했다. 그러자 안내를 하고 있는 여성이 대답했다.

"여 · 행 · 가 · 방 · 가 · 게 · 말 · 씀 · 이 · 시 · 죠? · 여 · 행 · 가 · 방 · 은 · 5 · 층 · 의 · 안 · 쪽 · 에 · 상 · 점 · 이 · 있 · 습 · 니 · 다. 이 · 쪽 · 의 · 엘 · 리 · 베 · 이 · 터 · 를 · 사 · 용 · 하 · 세 · 요……."라고 놀랄 만큼 천천히 말을 하고 있었다.

정중한 서비스를 하려고 그와 같은 말투를 쓰는 것은 이해하지만 진심이 담겨져 있지 않았다. 게다가 내가 꽤 서두르고 있다는 것은 확연히 알 수 있었을 것이다. 너무나 초조했던 나는 그녀의 말이 끝나기 전에 "5층 어디입니까요?" 하고 실례인 줄 알면서도 재촉해서 물었다.

내가 이 정도로 조급했던 것은 기차 출발시간이 임박했던 것도 있지만 안내여성의 '눈치 없음'에 조바심이 났기 때문이다.

이곳은 열차가 도착하고 출발하는 역으로 물어본 사람은 고장 난 여행가방을 가지고 있었고, 상당히 서두르고 있었다. 이 점에서 미루어 보더라도 '이 사람은 여행가방이 고장 나서 서둘러 새것을 사서 기차를 타려고 한다.'라는 상상력을 발휘할 수 없었던 것인가? 그리고 그런 사람을 위해 가능한 한 빨리 여행가방 상점을 가르쳐주는 것이 프로의 서비스인데……. 하고 생각을 했다.

안내창구의 여성이 내 상황을 파악하고 빠른 말투로 설명해 주었더라도 시간의 차이는 1분도 안 되는 것을 잘 알고 있다. 하지만 이 여성은 분위기를 파악하지 못했고, 고객서비스의 프로로서는 실격이었다.

'앞으로 이 역 상가에서 쇼핑을 할 일은 없을 것이다.' 라고 간신히 올라탄 기차 안에서 생각했다.

냉정히 생각해 보면 '두 번 다시 쇼핑은 하지 않는다.' 라고 생각할 정도의 사건은 아닐지도 모르지만, 절박하고 시간이 임박한 상황이었기 때문에 나는 초조했었고, 쓸데없는 에너지를 소비하고 말았다.

대화에는 이처럼 '당시의 상대방의 상황에 부합한 템포' 라는 것이 있다. 그때의 상황이나 상대방의 템포에 부합해서 대답하는 것을 유념하면 당신에 대한 신뢰가 커지고 보다 좋은 관계를 구축할 수 있다.

5

첫 대면한 사람에게는 자신의 의견을 강요하지 않는다

처음 만난 사람에게는 상대방이 의견을 말하기 쉬운 분위기를 만드는 것에 유념해야 한다.

업무상 회합이나 연회, 파티나 결혼피로연 등에서 처음 만난 사람과 만나면 '무슨 말을 하면 좋을까?' 하고 곤혹스러운 적이 있을 것이다.

1장에서 처음 만난 사람에게는 슈퍼 인터뷰어가 돼서 상대방의 말을 듣는 것을 권했다. 처음부터 자신에 관한 것만 말하거나 자신의 의견을 강요하면 상대방은 당신에 대해 흥미를 잃어버리기 때문이다.

유명인을 인터뷰를 하는 것이 생업인 사람은 "취재 대상에 관해 가능한 모든 자료를 파악하지만 그래도 실수를 할 가능성이 있다.

예를 들어 부부간에 금실이 좋기로 유명하다고 하더라도 어젯밤에 큰 부부싸움을 하고 이혼 직전일지도 모른다. 그런 가능성을 항상 염두에 두고 인터뷰에 임하고 있다."라고 한다. 인터뷰 프로라도 자신의 의견을 피력할 때에는 신중한 것이다.

즉, 처음 만난 사람에게는 대화의 주고받음을 유념해서, 일방적으로 자신의 의견을 강요하지 않아야 커뮤니케이션이 원활하게 이루어진다. 또한 그편이 상대방에게 자신의 진심이나 생각을 말하기 쉬운 분위기로 만들어준다.

예를 들어 처음 만난 사람과 점심식사를 할 때, 당신이 "오늘은 장어가 먹고 싶은데, 어떻습니까요?"라고 말해 버리면 상대방은 동의를 할 수밖에 없어진다. 어쩌면 상대방은 어제 장어를 먹었을지도 모르고, 장어를 좋아하지 않을지도 모른다. 그렇지만 당신이 기쁜 마음으로 "장어."라고 말했는데 상대방이 "어제 장어를 먹었습니다."라고 말하기는 거북할 것이다. 그리하여 상대방은 내키지 않지만 장어를 먹기로 결심을 할 것이다.

그 결과 상대방이 당신에게 갖는 인상은 '내키지 않지만 장어를 같이 먹은 사람'이라는 인상을 주고 '그다지 좋지 않은 추억'으로 기억될 것이다. '노'라고 말할 수 없는 가능성이 훨씬 높아진다. 그래서 '자신의 의견을 강요하지 않는' 대화법이 요구된다.

점심식사 메뉴를 선택할 때에는 먼저 상대방에게,

"○○○ 씨가 좋아하는 음식은 무엇입니까요?"나 "오늘은 무엇을 드시고 싶습니까요?" 등.

이런 식으로 물어보는 것이 어떨까 한다.

"좋아하거나 싫어하는 것은 없는가?"라고 물어보는 것도 상대방에 대한 배려이다.

> 당신 : 식사하러 가시죠. 오늘은 무엇을 드시고 싶습니까요?
>
> 상대 : 어제 저녁은 굴튀김이었으니까…….
>
> 당신 : 굴은 지금이 한창이죠. 그럼 점심은 개운한 음식이 어떨까요?
>
> 상대 : 예, 메밀국수가 끌리는데요.
>
> 당신 : 메밀국수, 좋지요. 근처에 맛있게 하는 곳을 알고 있습니다.

앞으로 더 좋은 관계로 발전할 것 같은 예감이 들지 않는가? 그리고 처음 만난 상대에게 너무 자신의 의견을 강요하거나 불평을 늘어놓거나, 잘난 척하면 좋은 인상을 줄 수 없다. 어디까지나 대화는 주고받는 것이다.

6

다른 사람의 말을 잘 인용해도 '호감형 대화법' 이 될 수 없다

말이 인용만으로 끝나지 않도록 해야 하지만
인용을 하면 자신의 의견을 첨가한다.

박식하고 달변이지만 대화를 나누어보면 왠지 재미없는 사람이 있다. '왜, 이야기를 하면 재미가 없는 것인가?' 하고 관찰을 해보니 한 가지 공통점을 발견했다. 그들은 다른 사람의 말을 인용해서 말을 하고 있었던 것이다.

예를 들어 요즘 화제가 되고 있는 사건에 대해서 대화를 하고 있을 때, 그 사람의 의견은 대단히 논리적이다. 그러나 어디서 들은 것 같은 내용 같고, 어쩐지 마음에 와 닿지 않는다. 그러다 '뭐야, 어제 뉴스에서 아나운서가 말한 것과 똑같다.' 는 사실을 깨닫는다. 타인의 의견을 마치 자신의 의견인 양 말하고 있는 것이기 때문에 듣고 있는 사람의 마음에 와 닿지 않는 것이다.

이런 유형은 무의식중에 다른 사람의 말을 인용한다. 그리고 인용하는 사이에 '자신의 의견'인 것처럼 착각을 해버린다.

타인의 말을 인용하는 자체는 나쁘지 않지만, 그럴 경우에는 인용이라는 것을 분명하게 말하는 것이 매너이다.

단 자신의 의견은 없이 그저 "○○○가 이야기한 것인데.", "○○○가 TV에서."라고 시종일관 다른 사람의 말을 나열만 하지 않도록 한다. 대수롭지 않은 지식보다 분명한 자신의 생각을 가지고 있는 사람이 되어야 한다.

"확실히 ○○○가 말한 그대로다. 그 아나운서는 평소에 연구를 많이 하고 있는 것 같다."라고 당신의 의견을 덧붙이는 것을 잊지 말기를 바란다.

4장

의견이 다른 사람과의 대화법

good conversation

1

원만하게 해결할 수 있는 '윈-윈 문제해결법'

'윈—윈 문제해결법'을 활용하면
모두가 즐거워진다.

비즈니스나 개인 간에 처음부터 서로 대립을 전제로 한 대화가 있다.

예를 들어 정리해고나 인원삭감이다.

내(필자)가 외국계 은행에서 인사담당을 맡고 있을 때, 정리해고 사태를 원만히 해결하기 위해 고민한 끝에 생각해낸 것이 '윈—윈 문제해결법'이다. '윈—윈'을 번역하면 '양쪽 모두 이긴다.', 즉 '어느 쪽에게도 플러스가 된다.'라는 의미이다. 이때 이 해결법을 활용해서 대화를 함으로써 회사 측과 그만두는 사람 모두 웃는 얼굴로 사태를 해결한 '기적적인' 결과를 얻었다.

"처음부터 부정적인 일을 결행하려는 것이기 때문에 원만히 해결할 필요가 없지 않나?"라고 하는 사람도 있을 것이다. 그러나 나는 부정적인 장면일수록 원만히 해결하는 편이 좋다고 생각한다.

그 이유는 '윈—윈 문제해결법'의 내역을 알면 "과연 그렇군."이라고 납득할 수밖에 없을 것이다.

경비 삭감에 대해서 의논하고 있는 총무부장과 영업부장의 대화를 예를 들어 설명한다.

'윈—윈 문제해결법'은 세 가지 단계로 이루어져 있다.

처음은 대립하는 부분에서 시작된다.

총무부장 : 영업비 지출이 너무 과도합니다. 접대 등의 교제비, 교통비를 개선할 필요가 있습니다.

영업부장 : 그건 곤란합니다. 지금까지 해온 접대가 없어진다면 거래처에서도 이상하게 생각할 것입니다. 실적이 좋지 않은 것을 알게 되면 매출감소는 피할 수 없습니다. 외부에 영향이 적은 관리부문에서 조정을 해주십시오.

총무부장 : 아니오, 안 그래도 인원이 부족한데, 그런 일을 하면 업무가 원활히 돌아가지 않습니다.

이것이 흔히 볼 수 있는 대립의 장면이다. 끝까지 자신의 주장을 내세우고, 양쪽 모두 한 발도 양보하지 않는다. 상대와의 생각의 차이밖에 보이지 않는다. 서로 반복하고 상대를 공격하고, 자신이 얼마나 정당한지 주장하려는 행동밖에 보이지 않는다.

여기서 불필요한 논쟁이 이어지지 않도록 영업부장이 제1단계 '상대를 이해하기'로 옮겨본다.

영업부장 : 그럼 총무부와 영업부의 현상을 파악하는 것에서부터 시작합시다. 총무부는 어느 정도 바쁘신가요?

총무부장 : 야근이 한 달 평균 100시간 정도입니다. 모두들 지쳐 있습니다.

영업부장 : 파견사원은 몇 명이나 되나요?

총무부장 : 지금 세 명 있는데 한계상황입니다.

영업부장 : 세 명이오? 다섯 명 정도라고 생각했습니다.

총무부장 : 예전에는 다섯 명이었는데, 올해 들어 경비 삭감으로 인원을 줄였습니다.

영업부장 : 아, 그랬군요.

영업부장이 총무부의 내부사정을 알려고 해서 총무부장의 기분이 풀어진다. 그리고 영업무의 실정에도 관심을 가지게 된다.

총무부장 : 영업부도 힘들지 않나요?

영업부장 : 쉽지 않습니다. 접대도 생각만큼 할 수 없고, 거래처에 들러서 이것저것 하다 회사에 돌아오면 7시가 지나버립니다. 그때부터 사무를 보니 야근이 많아집니다.

총무부장 : 그렇군요. 서로 부하직원들을 혹사시키고 있었군요.

이렇게 '물어보는 것'으로 상대가 어떻게 생각하고 있는지를 먼저 파악한다. 자신의 주장을 이해해 주길 바라기 전에 우선 상대를 이해하는 것부터 시작하는 것이다. 그러면 자신과 상대와의 생각에 공통점이 있는 것을 알 수 있다.

앞의 경우에서는 "서로 부하직원을 혹사시키고 있다."라는 사실을 알게 되고, 심리적인 거리가 가까워졌다. 이때 제2단계 '협조모드'로 들어간다. 이것은 서로가 그 시점에서 생각할 수 있는 최선의 해결책을 대화 속에서 모색해 가는 작업이다. 공통의 목표, 해결책에 대해서 쌍방의 의견에서 '좋은 점을 취해 가는 것' 이다.

영업부장 : 그렇지만 경비 삭감은 전투 차원에서 임하지 않으면 안 될 것 같습니다.

총무부장 : 맞습니다. 서로 간에 조금씩 고통을 분담할 수밖에 방법이 없는 것 같습니다.

영업부장 : 총무부에서는 어떤 안이 있나요?

총무부장 : 인원을 감축하고 싶지는 않지만, 저희 부서는 예산을 삭감할 여유가 없습니다.

영업부장 : 역시 인건비군요.

총무부장 : 고용 상황을 재고할 수밖에 없는 건가요. 영업부는 어떤가요?

영업부장 : 삭감할 여지가 있는 부분은 역시 교통비와 교제비군요. 음…… 어느 쪽도 쉽지 않네요.

총무부장 : 서로 힘이 들겠군요.

그리고 '협조모드' 에서 도출해낸 안을 근간으로 제3단계 '효과적인 해결법' 을 도출해낸다.

윈-윈 문제해결법

① 상대를 이해한다

상대의 말을 들으면서
공통점을 찾는다.

이해받는 것보다 상대를 이해하는 것이 선결!!

② 협조 모드

서로가 생각할 수 있는 최선의
해결책을 대화 속에서 찾는다

공통의 목표, 해결책을 쌍방의 의견에서 '좋은 점을 취해서' 만든다.

③ 효과적인 해결책

서로 간에 동의한 해결책 속에서
각각의 입장을 피력할 수가 있다.

쌍방이 해결책에 관여한 자부심과 책임을 가질 수 있다.

영업부장 : 아무래도 이게 현재 상황에서 생각할 수 있는 최선책 같습니다. 알았습니다. 선물과 접대를 변통해서, 예산을 30% 정도 삭감할 수 없는지, 정리해 보겠습니다.

총무부장 : 다행입니다. 총무부도 인원삭감은 어려우니, 파견사원을 정리하고 파트타임이나 아르바이트를 고용하는 방향으로 검토하겠습니다.

영업부의 결론은 영업부장이, 총무부의 결론은 총무부장이 각자 스스로 내렸기 때문에 나중에 "당신이 이야기해서 이렇게 했는데."라고 남의 탓으로 돌리는 일도 없다. 서로 협력해서 최선책을 도출해 냈다는 자부심과 책임감을 가질 수가 있는 것이다. 이것이 '윈—윈 문제해결법'이다. 이 흐름을 그림으로 보면 104쪽과 같이 된다.

누군가가 악역이 되는 일 없이, 각자 의견이나 사정을 헤아려서 도출해 낸 최선책이기 때문에 나중에 문제가 발생할 일도 없다. 대립하는 양자의 토론은 물론 복수의 의견이 대립하고 있는 경우 등에도 '윈—윈 문제해결법'으로 회의를 진행하면 해결책을 도출해 낼 수 있다.

2

'윈-윈 문제해결법'은 허심탄회한 대화에서도 사용할 수 있다

의견이 엇갈리면 양자택일이 아닌
쌍방의 '좋은 점을 취한다.'

비즈니스는 물론 가족, 부부, 연인, 친구 등 어떤 인간관계에서도 사람이 두 명 이상 모이면 의견이 엇갈리는 것은 당연한 일이다.

예를 들어 부부가 외식을 하려고 할 때를 생각해 보자.

남편 : "고기가 먹고 싶은데."

아내 : "나는 이탈리아 요리가 먹고 싶어요."

이렇게 의견이 대립하는 경우가 있다. 여기서 어느 쪽이 양보하지 않으면 부부싸움으로 발전하기 쉽다. 그러나 어느 한 쪽이 "어느 쪽이든 상관없다."라고 양보만 하면 "항상 나만 양보한다."고 하는 불만이 쌓이게 된다. 그렇게 되지 않기 위해서라도 '윈―윈 문제해결법' 을 실천할 것을 권한다.

회사에서 단체여행을 가기 위해 여행지를 정해야 하는데 의견이 엇갈렸을 때에도 물론 '윈―윈 문제해결법' 으로 해결할 수 있다. 실제로 예를 들어보겠다.

A : 여성 직원은 당일치기로 놀이공원에 가고 싶다고 합니다.
B : 1박 2일 온천에 가서 느긋하게 지내다 오고 싶어요.
C : 친목을 다지는 데는 역시 골프가 최고지요.

이처럼 여행지를 두고 의견이 엇갈렸을 때에는 최종적으로 누군가의 안을 선택하는 결정방식은 버리고 새로운 아이디어를 내기로 한다. 그를 위해서는 '왜 그곳에 가고 싶은지?' 라는 이유에 초점을 모은다. 여기에서는 B가 촉진자가 된다.

B : 왜 여직원들은 당일치기 놀이공원입니까요?
A : 아이가 있는 사람들은 자고 오는 것이 부담이 돼서요.
B : 그렇군요. 그렇지만 놀이공원은 남자직원들이 꺼리는 곳이어서. C씨는 어째서 골프인가요?
C : 그건, 골프를 좋아하는 남자직원들과 점심시간에 그런 이야기를 했습니다. 사내 골프를 하면 재미있겠다고요.

B씨는 왜 온천이에요?

B : 남녀노소 모두가 즐길 수 있는 곳이기 때문이에요. 하지만 아이가 있는 사람은 자고 오는 게 어려우니 온천도 안 될 것 같네요. 다른 안을 생각해 봅시다.

A : 그럼 이번에는 1박 말고 유명한 고급호텔의 레스토랑에서 식사를 하는 건 어떨까요? 여행 예산이라면 그 정도는 가능할 것 같은데요?

B : 찬성이에요! C씨는 어때요?

C : 맛있는 요리와 술을 마실 수 있다면, 남자들도 기뻐할 거예요!

A : 그럼 그렇게 하는 것으로 하죠.

이런 식으로 '누군가의 의견을 선택하는' 것에 집착하지 않고 '새로운 의견을 낸다.'는 것으로 의식을 바꾸는 것만으로도 모두의 기분을 저해하지 않고 좋은 결론을 도출할 수 있다.

3

서로의 ‘차이’ 를 인정하면 인간관계는 즐거워진다

‘합의할 수 없는 것에 동의’ 하면
어색해지는 경우가 없다.

누구나 대화에서 ‘가장 난이도가 높다.’ 고 느끼는 것은 ‘의견이 다른 사람과 어색한 분위기에 빠지지 않고 결론을 이끌어내는 것’ 이라고 한다.

논쟁을 하지 않고 해결하고 싶어도 의견이 달라서 결론에 다다르기는커녕 대인관계까지 어긋나는 사람도 많을 것이다.

예를 들어 신상품을 팔러 온 거래처 사람과 1시간 이상 이야기를 했다고 하자.

그런데 대화가 더 이상 진척되지 않고 도저히 이야기를 해도 합의점에 도달하지 않는다고 생각되면 깨끗하게 이렇게 말해 보는 것은 어떨까 한다.

"당신의 이야기는 잘 알겠습니다. 하지만 저희 회사는 말씀드린 대로 현재로서는 상품을 구입할 수 없습니다. 그러나 이만큼 서로 대화를 한 결과로 서로 간에 납득은 했으니, 상담은 여기서 끝내는 게 좋겠습니다."

이제 '합의할 수 없다.'라는 것을 알게 되었으니 서로 이야기한 1시간은 헛수고가 아닌 것이다. 이처럼 과정을 즐길 수가 있다면 합의하지 못했더라도 관계가 나빠지는 일은 없을 것이다. 또 이런 경우에도 사용할 수 있다.

"지금까지 많은 것을 논의해 보고 역시 당신과 제 일의 진행방식이 다르다는 것을 잘 알았고, 그것을 서로 확인할 수 있어서 다행입니다. 그럼 프로젝트를 함께 하지 않는다는 결론으로, 오늘 미팅을 끝내도록 합시다."

이처럼 감정이 상하는 일 없이 원만하게 일을 지속할 수 있다. 그런데 우리는 그다지 이런 감각에 익숙하지 않는 것 같다. 합의를 할 수 없다는 것을 알고 있어도 관계를 훼손시키고 싶지 않아서 결론을 애매모호하게 처리하려고 한다.

'합의할 수 없다는 것에 동의하는 것' 이 가능해지면 인간관계는 한없이 편안해진다는 것을 기억해야 한다.

예를 들어 휴가를 보내는 방법 때문에 부부간에 의견이 맞지 않아서 양쪽이 조금도 양보하지 않는 상태라고 가정한다면 이렇다.

아내 : 온천에 가서 느긋하게 지내고 싶어요.

남편 : 난 골프를 치러 가고 싶어.

양쪽의 주장은 완전히 다르다. 이 시점에서 합의할 수 없다는 것에 동의하면 그다음은 건설적인 논의를 할 수가 있다. 그러나 종종 다음과 같은 식으로 의견의 차이를 인정하기는커녕 '상대에게 양보를 강요하는' 논쟁으로 발전하는 경우가 있다.

남편 : 왜 당신은 그렇게 자기주장이 강한 거야. 나에게는 일 년에 한 번뿐인 휴가니까, 골프 치러 가게 해줘.

아내 : 당신이야말로 제멋대로 아니에요? 왜 내가 양보를 해야 되지요?

'차이'를 아는 사람이 되자!

아무리 의논해도, 윈-윈 해결법을 사용해도 해결할 수 없을 때에는…….

⇓ 2시간 이상 경과

합의할 수 없다는 것에 동의하자

⇓

이렇게 결론이 나지 않은 채 분위기가 어색해져서 결국 아무 곳에도 가지 못하는 최악의 상황을 맞이하게 된다.

여기서 '의견이 다르다.' 라는 것을 전제로 다음과 같이 대화를 이끌어 가면 어떨까 한다.

아내 : 의견이 맞지 않는군요. (쓴웃음) 왜 그렇게 골프에 집착하는 거예요?

남편 : 요즘 운동부족이라서, 오랜만에 몸 좀 움직이고 싶어.

아내 : 그렇군요. 확실히 요즘 바빴죠? 그럼 이번 휴가는 당신 뜻대로 골프를 치러 가도록 해요. 하지만 다음에는 온천으로 하면 어때요?

남편 : 고마워, 그렇게 해준다니 기쁘군.

또는 다음과 같이 결론이 나는 경우도 있을 것이다.

남편 : 의견이 맞지 않네. (쓴웃음)

아내 : 그러네요. 휴가를 어떻게 보낼지를 두고 항상 대립하네요.

남편 : 어떻게 할까?

아내 : 이번에는 따로 보내는 게 어때요?

남편 : 응, 그편이 서로에게 스트레스를 해소할 방법이 될지도 모르겠군.

'부부는 휴가를 함께 보내야 하고, 의견이 대립하면 남편(혹은 아내)이 양보해야 한다.' 라고 하는 '의견이 다르면 어느 쪽이 양보해야만 하나' 라는 생각 자체가 난센스이다.

함께 휴가를 보내지 않으면 전자와 같은 결론을 둘이서 이끌어내면 되고, '무엇을 할까?' 를 우선시하고 싶으면 후자와 같이 따로 행동을 하는 결론도 가능하다는 것을 기억해 두자.

무리하게 줄다리기를 할 필요도 없이 '서로 상의한 끝에 종착지가 보이지 않았다.' 라는 사실에 합의할 수 있다는 것은 얼마나 편한 일인가? 또 서로의 속마음을 이야기하는 것에 익숙해지면 이런 해결책에 익숙해질지도 모른다.

남편 : 의견이 맞지 않는군. (쓴웃음)

아내 : 그러네요. 휴가를 어떻게 보낼지를 두고 항상 대립하네요.

남편 : 어떻게 하면 좋을까?

아내 : 각자 하고 싶은 것을 함께 즐길 수 있는 방법은 없

는 건가요?

남편 : 아, 그럼 온천리조트와 골프가 있는 곳에 가면 어떨까? 내가 골프를 치는 동안에 당신은 온천욕을 즐기면 되겠네.

아내 : 그거 좋은 생각이네요! 빨리 찾아봐요!

4

뒤끝이 좋은 영업이란? 결론을 상대에게 맡기는 것이다

결론을 재촉하지 않는 것이
좋은 일이 많이 생긴다.

정열적인 세일즈맨은 너무 열성인 나머지 상대방에게 상품을 팔기 위해 과욕을 부린다. 그리고 시간을 들인 만큼 마지막에는 반드시 계약 성사를 목표로 한다. 하지만 그렇게 하면 나중에 상대방은 '무리해서 샀다.' 라는 기분이 들게 하기도 한다. 그렇게 되지 않기 위해 억지로 결론까지 끌고 가는 일 없이 자리에서 일어나는 기분 좋은 방법도 있다.

"이상으로 설명은 다 드렸습니다. 지금까지 제 설명 중에 궁금하신 점은 없으신지요? 제 연락처와 자료는 이쪽에 있습니다. 검토를 하신 후에 관심이 있으시면 연락을 주십시오. 그때는 다시 찾아뵙겠습니다."

이것만으로 충분하다.

'저 사람은 열심히 설명을 해주었다. 게다가 상품을 팔려고 하기보다 오히려 친절하게 상담을 해주었다.' 라는 인상이 강하게 남아서, 전화를 걸어왔을 때는 반드시 상품을 사려고 한다. 또한 그 사람은 이번에는 다름 사람들에게 "좋은 세일즈맨이 있으니 소개하겠다."라고 선전까지 해주기 때문에 입소문으로 고객이 점점 늘어만 간다.

만약 억지로 계약을 재촉하면 고객은 당신과 계약을 맺기는커녕 이후 당신을 누군가에게 소개하려고도 하지 않는다.

5

'체면을 지키는 것' 은 문제해결의 지름길이다

서로의 '차이' 는 인정해도
지적하는 것은 금물이다.

한마디로 "의견이 다르다."라고 말해도 취미나 취향이 다르거나, 기억하고 있는 사실에 상이점이 있거나, 비전이 다른 등 여러 가지 '차이점' 이 있다.

'차이' 를 인정한 후에 논쟁하지 않고 일을 해결하기 위해서는 상대와의 상이한 부분을 '굳이 지적하지 않는 것' 이 중요하다. 즉,

"당신의 의견은 잘 알겠지만 그것은 현실적이지 않습니다.", "아무리 생각해도 당신의 기억이 잘못되었다고 생각됩니다."

위와 같이 등등의 당신의 의견을 덧붙여서 차이를 지적하

지 않는 편이 일은 부드럽게 진행된다.

왜 '지적' 해서는 안 되는 것인가? 그것은 지적받은 사람이 '체면을 구겼다.' 고 느끼기 때문이다. 그 때문에 '체면을 지키는 것' 이 중요한 것이다.

예전에 어떤 일을 끝낸 후에 뒤풀이로 10명 정도가 회식을 한 적이 있었다. 그때에 '체면을 지키는 것' 의 위력을 실감한 사건을 이야기해 보겠다.

10명이면 단체 손님이어서 대표자가 점심시간에 예약을 했다. 그러나 당일 그 식당에 가보니 "예약을 받지 못했다."라고 했다. 식당 안을 둘러보아도 거의 만석으로 10명의 단체 손님이 앉을 만한 자리가 없었다.

예약을 한 대표자는 당황한 나머지 식당 직원에게 "분명히 전화로 예약을 했다며. 그쪽의 잘못이다."라고 추궁했다. 예약을 한 것이 사실이라면 식당 쪽의 잘못이지만, 식당 직원도 "말씀은 그렇게 하시지만 예약을 받지 못했습니다."라고 주장했다. 게다가 다른 손님들이 있는 앞에서 "예약 미스다."라는 말을 듣는다면 완전히 체면을 구기게 되기 때문에 사람들의 시선을 신경 쓰는 서먹서먹함도 느껴졌다.

나는 그때 대표자를 제쳐두고 나서는 것도 볼썽사납다고 생각해서 식당 직원에게 다가가서 웃는 얼굴로 물었다.

"저기요, 우리는 예약을 했다고 믿고 여기까지 왔어요. 지금 다른 식당을 찾을 시간도 별로 없는데, 어떻게 하면 좋을까요?"

그러자 식당 직원이 "잠깐 기다려주십시오." 하고는 책임자에게 물어보러 갔다.

얼마 후 웃는 얼굴로 돌아와서 "점심시간에는 사용하지 않는 객실이 있는데, 괜찮으시면 안내하겠습니다. 추가 요금은 받지 않겠습니다."라고 기쁜 해결책을 제시했다.

그곳에 있는 모두는 '이젠 식사는 포기해야 하나.'라는 분위기였기 때문에 모두 크게 기뻐했다. 대표자도 겨우 한숨을 돌리고 나에게 고마움의 표시를 전하며 믿어지지 않는다는 표정이었다.

서로의 의견이 다른 경우, 나와 상대방이 서로 비난하고 책망해도 아무런 도움이 되지 않는다.

"어떻게든 해봐요."하고 질책하면, "알았어, 더 이상 이 식당에는 오지 않겠어."라는 말도 튀어나올 수 있다.

이처럼 "어떻게 하면 좋을까요?"라는 말을 들으면 어느새 이야기는 나와 상대방이 아닌 우리가 되어버린다. 책임전가에서 자신의 문제로써 '어떻게든 해보자.' 라고 생각하는 것이다.

이것이 서로의 체면을 훼손시키지 않는 '체면을 지키는 것' 의 위력이다.

'예약 미스' 의 잘잘못을 분명히 해봤자 식사를 할 수 있게 되는 것도 아니다. 무엇보다 중요한 것은 배가 고픈 10명이 식사를 할 수 있게 되는 것이며, 식사를 할 수 있는지, 없는지의 열쇠를 쥐고 있는 것은 식당 직원이다.

따라서 그 사람이나 식당의 체면을 훼손하지 않고 함께 해결책을 생각해 내는 것이 모두가 행복해지는 방법이다.

어떤 상황에서도 해결책을 이끌어낼지도 모를 상대의 체면을 훼손하지 않고 "어떻게 하면 좋을까요?"라고 의논을 하듯이 물어보는 것이 대단히 효과적이다.

여러 방면에서 활용할 수 있으니 꼭 시험해 보아라.

6

회의 등에서 도움이 되는 '브레인스토밍법'

브레인스토밍법의 아이디어 발표에서는
질보다 양을 중요시 한다.

누구나 몇 번쯤은 긴 회의나 미팅 때문에 진저리를 친 경험을 가지고 있을 것이다. 회의는 오래 끌수록 좋은 결과가 나오지 않는다는 것을 대부분의 사람은 알고 있다.

그럼에도 왜 회의가 길어지는 것인가? 그 이유 중 하나로 '아무리 시간을 들여도 결론이 나오지 않는 것'을 들 수 있다. 이 경우에 해결책으로 추천할 수 있는 것이 '브레인스토밍법(brainstorming, 회의에서 모두가 차례로 아이디어를 제출하여 그중에서 최선책을 결정하는 방법)이다. 회의시간을 단축할 수 있을 뿐만 아니라 결론의 질도 향상시킬 수 있어서 회의나 미팅 등의 복수의 사람들이 무언가를 결정할 때에 편리한 방법이다.

준비할 것은 ①사회자 ②칠판, 두 가지뿐이다.

사회자는 사장이나 상사 등이 진행을 하면 부하들이 눈치를 보면서 의견을 말할 가능성이 있기 때문에 참가자가 의견을 말하기 쉬운 사람을 선택하는 것이 중요하다. 사장이나 상사 등이 참가자로 의견을 피력하는 것은 전혀 문제가 되지 않는다.

준비가 끝나면 사회자는 처음에 '오늘의 회의 의제'와 '시간분배'를 설명한다. 예로써 한 출판사의 기획회의를 예로 들어보겠다. 편집장, 팀장, 편집부원 모두 10명이 출석했다고 가정하자. 사회진행은 팀장이 맡는 것으로 한다.

> 사회자 : 1월호 특집 기획회의를 시작하겠습니다. 예정시간은 1시간, 전반의 15분 동안 아이디어를 내고, 후반 45분 동안 기획안을 검토한 후에 최종 결정을 하겠습니다. 그럼 한 명씩 아이디어를 발표해 주십시오.

처음에 시간에 대해서 언급하는 것이 포인트이다. 또 사회자는 발표된 아이디어를 칠판에 쓴다.

아이디어를 낸 사람의 이름은 쓸 필요가 없다. 왜냐 하면 아이디어를 낸 사람을 모르면 나중에 내용을 공정하게 검토하는데 유효하기 때문이다. '사장의 의견이다, 부장의 의견이다.'와 같이 의견에 발안한 사람의 역학관계가 반영되는 것은 피하는 것이 좋다. 이 단계에서는 다른 사람이 낸 아이디어에 자신의 아이디어를 추가해서 내는 것은 괜찮다.

각자가 아이디어를 내는 동안에 참가자는 '다른 사람의 아이디어에 대해서 코멘트를 달지 않도록' 해야 한다. 또 내어놓은 아이디어의 수는 많을수록 좋으며 어떤 아이디어라도 환영하는 자세를 취한다.

편집자 A : 새해니까 영화전문가가 추천하는 보고 싶은 영화 베스트10을 하고 싶습니다.

편집자 B : 저는 새해 첫날 성묘특집을 하고 싶습니다. 성묘의 풍습 등을 메인으로 사찰이나 명소를 소개하는 것은 어떤가요?

편집자 C : 정월 초하루에는 역시 여행특집이 좋을 것 같습니다.

이런 식으로 각자가 생각해 낸 아이디어를 발표한다. 15분이 경과하면 아이디어 발표를 종료하고 '기획결정'의 단계에 들어간다.

> 사회자 : 그럼 칠판에 적힌 아이디어에 대해서 하나씩 살펴보도록 하겠습니다. 의견이 있으신 분은 무엇이라도 좋으니 발표해 주십시오.

사회자는 이때 처음으로 참가자의 의견을 받기 시작한다.

"작년에도 여행특집이었는데 다른 기획이 좋을 것 같습니다."라는 반대의견은 이때에 발표하도록 한다. "어째서 그렇게 생각하시나요?"라고 사회자는 반대의견도 확실하게 확인한다.

편집자 B : 작년의 경험에 비추어보면 이 시기는 다른 잡지도 비슷한 기획을 해온 탓인지 생각한 만큼 부수가 늘지 않았습니다. 그래서 올해는 바꾸는 것이 좋을 것 같습니다.

위와 같은 의견이 나오면 이 의견에 대해서 '찬성과 반대'를 확인한다.

사회자 : B의 의견에 대해 어떻게 생각하나요? 이의가 없으면 여행특집은 보류하기로 합니다.

이렇게 말한 뒤 칠판의 '여행특집'이라는 글씨 위에 선을 긋는다. 이런 작업을 계속해서 적당한 수까지 아이디어를 좁혀간다. 기획의 범위는 세 가지로, 안건은 다섯 개까지 좁힌다.

사회자 : "안건을 다섯 개로 정했습니다. 어떤 아이디어로 하고 싶은가요?"

편집자 D : 성묘특집이 좋은 것 같습니다. 작년에 산 새해 선물이나 부적 등을 어떻게 하면 좋은지, 그 외에 성묘방법 등 헷갈리거나 잘 모르는 부분이 많아서요.

편집자 A : 저도 새해 성묘특집은 흥미를 끌 수 있다고 생각합니다. 알아두면 도움이 되는 지식이기도 하고, 전통풍습에 대해 재조명하는 최근 분위기에도 맞을 듯합니다.

사회자 : 성묘특집에 대해서 또 다른 의견은 없으신가요?

편집자 E : 반대하는 것은 아니지만, 아마도 조사를 해보면 지역적 특성도 알 수 있을 듯한데, 어떤가요?

편집자 B : 판매부수는 수도권이 압도적으로 많으니 수도권을 기준으로 지방 고유의 정보에는 부연기사를 덧붙이는 건 어떤가요?

이처럼 '상정된 문제점'을 듣고 그 해결책을 의논하는 것도 중요하다. 회의의 방향성은 대체로 성묘특집으로 기울고 있는 듯하니, 여기에 관해서 문제점은 없는지 검증해 보도록 한다.

이상이 브레인스토밍법을 사용한 회의의 진행방법이다. 처음에는 의견을 내기가 거북하거나, 아이디어를 잘 좁혀갈 수 없거나 하는 경우가 있을지도 모르지만 익숙해지면 원활하게 진행이 되는 것이다.

7

'브레인스토밍법'의 장점과 성공비결

브레인스토밍법에서
'보다 좋은 아이디어와 인간관계'가 손에 들어온다.

'브레인스토밍법'이란 회의에서 사회자나 참가자가 아주 조금 '말하는 법'을 바꾸는 것뿐이지만 아주 많은 장점이 있다.

보통의 회의에서는 누군가 아이디어를 내면 그것에 대해서 바로 의견을 듣기 때문에 '이런 식으로 부정을 하면 아이디어를 낸 사람은 상처를 입을까 봐.' 신경이 쓰여 의견을 말하기 거북한 경우가 있다.

한편 브레인스토밍법을 사용한 회의에서는 처음에 아이디어를 낼 때, 누가 어떤 아이디어를 냈는지까지는 기록하지 않기 때문에 아이디어를 낸 사람 이외의 참가자는 칠판 위의 아이디어를 낸 사람을 잊어버린다. 따라서 반대의견을 말하기가 쉬워지고 인간관계가 훼손되는 일도 없다.

그래서 아이디어를 선별하는 장면에서 '인간관계에 대해 눈치를 보는 일이 없이 의견을 나눌 수 있게' 된다. 그리고 현장의 파워게임에 휘둘리지 않고 아이디어 자체에 초점을 맞춰서 좋고 나쁨을 의논할 수 있는 것이다.

또 좋은 안을 낸 사람, 항상 아이디어가 외면 받는 사람을 필요 이상으로 강조하지 않아서 참가자들이 열등감과 같은 부정적인 감정을 품지 않게 된다. 그래서 비즈니스뿐 아니라 가족회의 등의 복수의 사람이 모여서 무언가를 결정하는 자리에서도 활용할 수 있다.

단, 브레인스토밍법으로 이야기할 때 중요한 포인트가 두 가지가 있다.

첫 번째는 사회자(촉진자) 선별이다.

사회자는 '자신의 의견을 말하지 않는 것'을 대전제로 한다. 또 다른 사람의 의견에 대해서 반론하는 사람이 있으면 원만히 제지할 수 있는 사람이어야만 한다. 참가자가 공평하게 발언을 하고 있는가를 살피고 발언이 적은 사람이 있으면 발언 기회를 주거나 재촉하는 섬세함도 요구된다.

두 번째는 '가능한 한 많은 의견과 아이디어가 나오도록 분위기를 이끌어 가는 것'이다. 아이디어가 많거나 다양할수록

브레인스토밍법의 포인트

사회자의 선별과 아이디어를 발언하기 쉬운 분위기로 만드는 것도 중요하다

바람직하다.

설사 채택되지 않을 것이 확실한 아이디어라도 '우선 발언은 해보자.' 라고 생각할 수 있는 '회의 분위기' 가 대단히 중요하다.

또 의견이 많이 나오면 다른 시점에서 볼 수도 있기 때문에 아이디어에 깊이가 생긴다.

이처럼 '어떤 아이디어라도 대환영' 이라는 것을 참가자 전원이 실감하고 있는 것이 좋은 결과를 이끌어내는 비결이다.

5장

곤란할 때의 대화법

good conversation

1

'핫 버튼' 을 눌러 버렸다면 데미지를 최소한으로 줄여라

핫 버튼' 을 눌러버려도
잘 대처하면 문제가 되지 않는다.

'대화법' 때문에 낭패를 당한 경험 중에 무의식적으로 상대의 '핫 버튼을 눌러버리는' 경우가 있다.

'핫 버튼' 이란 지뢰를 밟는다는 말이다. 어디에 매설되어 있는지 몰라 그만 밟아서 터져버리기 때문에 '지뢰' 라고 불린다. 매설되어 있는 장소를 모르는 이상 제거할 수도 없다.

예전에 나(필자)도 어떤 사람에게 "형제는 어떻게 되시나요?" 라고 물어보았더니 "상관없는 일 아닌가요?" 라는 말을 듣고 '아, 이 사람에게는 형제가 "핫 버튼" 이었구나.' 라고 느껴서 두 번 다시 형제에 관한 이야기는 입에 담지 않겠다고 결심했다.

이와 같이 무엇이 '핫 버튼' 인가는 사람에 따라 다르다. 경제적인 사항이나 학력, 외모 등 콤플렉스를 자극하는 것이 많지만 '콤플렉스=핫 버튼' 이라고 단정하는 것에도 어려움이 따른다.

게다가 '어제까지는 괜찮았는데 갑자기 핫 버튼이 되는' 화제도 있다.

예를 들어 '아름다운 부인이 자랑인 부장' 이 있다고 하자. 부장과 엘리베이터를 함께 탔는데 다음과 같이 물었다고 한다.

"사모님은 건강하신가요?"

평소라면 "지금 친구와 온천여행 중입니다."라고 흔쾌히 말을 받아주었는데 웬일인지 오늘따라 갑자기 기분이 나빠져서 "아……."라고 대답하거나 말을 하지 않는 경우도 있다. 어쩌면 어젯밤에 부부싸움을 했는지도 모른다.

당연히 부하직원은 어젯밤의 일 등은 알지 못한 채 '핫 버튼' 을 눌러버렸지만 이미 엎질러진 물이다. 어디에 있는지 알 수 없기 때문에 막을 방도가 없다.

이것만은 사전에 막을 수가 없기 때문에 여파가 커지지 않도록 하는 것에 유념할 수밖에 없다. 그럼 어떻게 하면 좋은가?

앞에서 말한 부장의 경우는 사과를 하면 필요 이상으로 데미지가 깊어지기 때문에 부장의 기분을 모른 체하고 부장이 기분 좋아할 화제로 전환한다.

"그런데 부장님, 그 거래는 곧 성사될 것 같은데요. 다행이에요."

이런 식으로 어색한 분위기를 바꾸면 된다.

부부싸움으로 부하직원들이 눈치를 보게 하면 안 된다는 것쯤은 부장도 알고 있기 때문에 화제전환에 능동적으로 응답을 할 것이다. 이미 말해 버린 후에 화제전환을 하는 법을 배워두는 것이 도움이 된다.

이미 말해 버린 것은 되돌릴 수 없고, '핫 버튼'을 누르는 것을 두려워해서 우물쭈물하면 아무런 말도 할 수 없다. 이미 말해 버린 뒤의 화제전환법을 배워두는 것이 좋다.

만약 '핫 버튼'을 눌러버리고 상대가 "그건 무슨 뜻이에요?"라고 화를 낼 때에는 "실례했습니다. 화제를 바꾸겠습니다."라고 상냥하게 짧게 사과하고 "그런데……."라고 다음 화제로 재빨리 옮아가는 것이 가장 좋다. 위기는 기회, 대응만 잘하면 '이 사람은 성실하다.' 라고 상대는 생각할 것이다.

반대로 장황하게 사과하면 상대를 초조하게 만드는 경우가 있으니 주의해야 한다.

대부분의 경우 '핫 버튼' 을 눌러버리는 것은 사고의 성격이 짙지만 '핫 버튼을 누르는 경우가 너무 많은 사람' 은 '실언을 하는 것이 입버릇' 일 가능성이 있다. 특히 '비호감형 대화법' 을 쓰는 사람 중에 이런 사람이 많다.

그런 사람은 생각한 것을 말하기 전에 머릿속에서 대화를 되뇌거나 해서 '실언' 을 줄이도록 주의해야 한다.

2

기분이 나쁜 사람에게 말하는 법

'기분이 나쁜 사람은 감기에 걸린 사람' 이라고
생각하면 신경 쓰지 않게 된다.

기분이 나쁜 것이 확실한 사람에게 말을 걸고 싶은 사람은 없다. 급한 용무가 아닌 한 '기분이 좋아질 때까지 기다리자.' 라고 생각할 것이다. 그러나 사회인이라면 누구나 '기분이 나쁜 것은 알고 있지만 말을 걸어야만 하는 경우' 가 있다. 기한이 촉박하거나, 시간이 없는 경우이다.

이럴 때 말을 잘못하면 불에 기름을 붓는 상황이 되기 때문에 말하는 법이나 단어의 선택이 중요하다.

예를 들어 오늘 중으로 과장에게 상의할 것이 있는데 과장은 외근에서 돌아온 후부터 계속 기분이 좋지 않은 경우에 어떻게 하겠는가? 나(필자)라면 다음과 같이 말을 할 것이다.

"과장님, 안녕하세요. 오늘 상의드릴 것이 있는데 괜찮으시면 30분 정도 시간을 내주실 수 없으신지요?"

이렇게 정중히 부탁하면 상대의 상황도 고려하고 있으니 과장의 기분을 상하게 할 일은 없다. 또 이때는 '괜찮을 때' 라는 의미도 포함하고 있다. 상식이 있는 사람이라면 기분을 전환해서 상담에 응하려고 생각하고 "그럼 점심 이후에도 괜찮은가요?"라고 '자신의 기분이 좋아질 것 같은' 시간대를 지정할 것이다.

기분이 나쁜 사람에게는 '괜찮을 때', '상의를 하고 싶은데' 라는 식으로 평소보다 정중하고 부드러운 어휘를 사용하는 것이 그 사람에 대한 배려이다.

만일 상대가 '평소보다 정중한 어조다.' 라고 느꼈다고 해도 '신경을 써주고 있다.' 라고 생각해서 나쁜 기분은 들지 않을 것이다.

그리고 상담에 응해 주었을 때에는 "말씀하신 그대로입니다.", "맞습니다."라는 말을 자주 사용해서 상대가 기분 좋게 말할 수 있는 분위기를 만들어야 한다.

사회인으로 프로의식이 높은 사람은 '감정의 좋고 나쁨을 직장에까지 끌어들여 부하직원에게 신경을 쓰게 만드는 것은 철없는 행동' 이라고 생각할 것이다. 실제로 이런 사람들이 많이 있다.

누구나 상사의 화풀이 대상이 된 경험이 있을 것이다. 그럴 때에는 '오늘 저 사람은 화를 낼 대상이 필요하다. 그 대상으로 내가 걸린 것뿐이다.' 라고 생각하고 넘기는 것이 가장 좋은 방법이다.

기분이 나쁜 사람을 상대하는 것은 기분 좋은 일은 아니지만 당신까지 기분이 나빠지면 손해이다.

감기에 걸린 사람에게 "건강에 유의하세요."라고 말하는 것과 마찬가지로 '기분이 나쁘구나, 기분 좋은 일이 있어야 할 텐데.' 라고 생각하도록 해야 한다. 그럼 신기하게도 그 사람이 신경에 거슬리지 않게 된다.

3

기분이 좋지 않을 때의 대화법

기분이 좋지 않은 날은
솔직히 말하는 것도 좋은 방법이다.

누구나 기분이 우울한 날이 있다. 이렇게 말하는 나(필자)도 몸이 좋지 않거나, 운이 없는 날일 때에는 기분이 우울해진다. 그럴 때 회사 동료나 친구에게는 억지로 명랑함을 가장하지 않고 솔직히 말한다.

"미안, 나 오늘 힘도 없고 기분이 좋지 않아요."
"오늘 같은 날, 잘 부탁해요."

이와 같이 미리 말해 두면 당신의 반응이 나빠도 그것은 당신의 문제지, 주위의 사람이 '내 탓이다.' 라고 스트레스를 받는 일은 없다.

"몸이 안 좋은데 미안하지만, 급히 상의할 일이 있다."라고 말하며 '몸이 안 좋은 것'을 전제로 대화를 할 수 있다. 시간에 여유가 있을 때에는 "왜 몸이나 기분이 안 좋은가요?"라고 물어오면 약한 소리를 해도 괜찮다. 누군가에게 말해 버리면 신기하게도 '어, 왜 기분이 다운되었는가요?'라고 나빴던 기분이 좋아지는 경우도 있다.

'기분이 다운되었을 때나 의욕이 없을 때' 그것을 말할 수 없는 상대, 예를 들어 상사나 거래처, 시어머니가 중요한 일을 맡겼을 때에는 다음과 같이 용기를 내서 말해 본다.

"죄송합니다. 오늘 기분이 좋지 않아서요……."

상대는 분명히 '몸이 안 좋거나, 기분이 안 좋다.'라고 생각해서 그다지 중요한 일이 아닌 한 다른 사람에게 의논하든지 연기해줄 것이다. 기분이 나쁜 것을 잠자코 있으면 아무것도 모르는 상대는 당신에게 의욕이 없다고 오해할 것이다.

기분이 개운치 않다고 해서 아무 말도 하지 않고 태연한 척하면 상대는 '내가 무슨 나쁜 짓을 했나요?'라고 신경이 쓰이고 당신에 대한 평가가 나빠질 소지가 있다. 그래서 자신이 먼저 "오늘은 몸이 안 좋아요."라고 말하는 것이 좋고 자신도 편하다.

누구나 기분이 좋지 않은 날이 있다. 그 자체는 문제가 되지 않는다. 가장 큰 문제는 '기분이 좋지 않은 날에 하필 성가신 일이 생긴다.'는 것을 유념해 두자.

4

공통된 화제가 없을 때의 대화법

화제가 궁색하면
'지금의 상황' 에서 '화제' 를 고른다.

접대나 점심식사 약속 등 '그다지 친하지 않은 사람' 과 식사를 할 때, '무슨 말을 하면 좋을 것인지?' 마음이 무거워지는 사람이 있다. 사적인 면에서 말한다면 부모나 형제와의 커뮤니케이션으로 고생하는 사람도 적지않다.

왜 그런 마음이 드는 것인가? 그것은 '공통된 화제' 가 없기 때문이다. 누구나 친하지 않은 상사라도 '공통의 화제' 가 있으면 즐겁게 대화할 수 있다. '같은 지인이 있다.', '고향이 같다.', '취미가 같다.' 등등 어떤 것도 화제가 될 수 있다.

하지만 아무런 공통점이 없거나 발견할 수 없는 경우가 있다. 그럴 때에는 '현재' 에 초점을 맞춘 대화를 하는 것이 '호감형 대화법' 의 비결이다.

"이 차 맛있네요."

"이 가게 분위기가 좋네요."

"오늘은 정말 날씨가 좋네요."

'지금 현재의 상황' 에 대해서 화제가 될 만한 것은 없는지 찾아서 말하면 그것이 화제의 실마리가 될 것이다.

여기서 중요한 것은 "나는 이 차를 좋아한다."라는 식으로 자신의 취향을 말하지 않아야 한다.

'맛있다.' 는 객관적인 의견으로 들리지만 '좋아한다.' 는 그 사람의 주장이다.

상대방은 '이 차는 맛있을지도 모르지만, 내 취향은 아니다.' 라고 느꼈을 때, 당신이 '좋아한다.' 고 말해 버리면 대화가 이어지지 않는다.

예를 들어 다음과 같이 대화를 넓혀가는 것은 어떨까 한다.

당신 : 이 차 맛있는데요.

상대 : 홍차, 좋아하세요?

당신 : 예. 특히 얼 그레이(earl grey)를 좋아해요. 당신은요?

상대 : 저도 홍차를 좋아해서 집에 10여 종 정도 있어요.

이렇게 자연스럽게 객관적인 의견을 말함으로써 화제가 넓어지고 상대를 알 수 있는 계기를 만들 수 있는 것이다.

5

상대가 화제에 흥미를 느끼지 못할 때의 대화법

자신감 있는 계획서에 흥미를
느끼지 않는 상대에게 초조해할 필요는 없다.

자신이 자신감을 가지고 있는 계획서 등에서 상대방이 전혀 흥미를 느끼지 않아서 식은땀을 흘린 경험은 없는가?

좋다거나 나쁘다고 말하지 않고 별다른 반응이 없어서 '어떻게 생각하는지'를 알 수 없다. 불안한 마음에 초조해 하면 할수록 쓸데없는 말만 늘어놓게 돼서 발목을 잡는 경우다. 반드시 당신의 이야기가 시시해서 그러는 것은 아니다.

상대가 '자신은 그렇게 간단히 납득하는 인간이 아니다.'라는 것을 과시하기 위해 의식적으로 흥미가 없는 척하는 경우도 있다. 상대가 그렇게 생각한다면 당신이 아무리 열변을 토해도 소용이 없다. 그럴 때에는 서둘러 말을 끝내버려야 한다.

"○○○ 씨, 제 제안은 이상입니다. 그럼 오늘은 이쯤에서……."라고 말하고 끝내면 된다.

젠체하는 태도를 즐기고 있던 상대는 제풀에 놀랄 것이다.

"아니, 잠깐만요. 그건 말인데……."라고 급히 만류하며 흥미를 보일지도 모른다.

또 찻집에서 이런 말을 하고 있었다면 상대에게 설명을 하는 도중에 "죄송합니다, 여기 물 좀 주세요."라고 점원에게 부탁해서 '분위기를 바꾸는 것'도 효과적인 방법이다. 분위기가 정체한 환경에서는 아무리 말을 해도 소용없을 때가 있기 때문이다.

'말에 고삐를 연결해서 물가로 데리고 와도 억지로 물을 마시게 할 수는 없다.'라는 말과 마찬가지로 이야기에 흥미를 보이지 않는 상대를 앞에 두고 망설이거나 초조해 하기 전에 당신이 먼저 깨끗하게 마무리를 지어버려야 한다.

6

따라갈 수 없는 대화의 화제를 바꾸는 방법

따라갈 수 없는 화제에는
상대의 말을 듣고 난 후에 화제를 돌린다.

누구에게나 '상대는 열중해서 말을 하고 있지만, 내용이 너무 전문적이어서 따라가지 못한다.' 고 생각될 때가 있다.

예를 들어 "주말에 뭘 했어요?"라고 물어보았다. 그러자 기다렸다는 듯이 "사실은 춘천에 암수 병아리를 감별하는 전문가가 있다고 해서 그곳에 다녀왔어요. 그런데 있잖아……. (끝없이 이어진다.)"

당신은 병아리에 전혀 흥미가 없다. 그런데도 끝없이 이어지는 상대의 이야기를 도중에 끊지 못하고, 어떻게든 화제를 바꾸고 싶다. 그럴 때에는 어떻게 하면 좋은 것인가?

만약에 당신이 병아리보다 '춘천' 에 흥미가 있을 때에는 다음과 같이 화제를 조금 바꿔서 질문을 하면 좋다.

"와, 춘천에? 춘천은 닭갈비가 유명하지? 먹고 왔어요?"

"춘천까지 기차로 얼마나 걸렸어요?"

이 화제는 상대의 화제 속에 있던 것이기 때문에 갑자기 말허리를 자른 것처럼 들리지는 않는다.

상대는 화제가 바뀐 것을 의식하지 못한 채 다른 화제로 옮겨갈 수 있다. 당신도 흥미가 없는 화제를 언제까지나 듣고 있을 필요가 없다.

7

불평을 들었을 때의 대화법

클레임을 들었을 때에는 먼저 "죄송합니다."라고 말할 수 있는 용기를 갖는다.

자신에게 잘못이 없는 경우,

'거래처로부터 납기가 늦다는 말을 들었다.'

'이웃사람이 피아노 소리가 시끄럽다고 화를 냈다.'

이런 경우에는 누구나 공사에 관계없이 '클레임'을 걸어올 가능성이 있다. 이때에 잘못 대응하면 인간관계에 균열이 생기거나 일이나 생활에 지장을 초래할 우려가 있다.

그럼 원만하게 해결하려면 어떻게 하면 좋은가?

본래 클레임은 신기하게도 '말을 들은 쪽이 100퍼센트 나쁘다.'라고 단정할 수 없다. 클레임을 걸어와도 어쩔 수 없는 행동을 한 경우에는 별개이지만, 클레임을 걸어온 사람 쪽이 이치에 맞지 않는 경우도 있다. 어느 쪽이든 클레임 처리에는 시간이 중요하다.

예를 들어 의뢰인에게서 "연락했는데 전화가 오지 않네요."라는 클레임을 들었다고 하자.

사실 당신은 오전 중에 의뢰인에게 전화를 했다. 그러나 부재중이었기 때문에 "전화가 왔다고 전해 주십시오. 다시 전화를 걸겠습니다."라는 메시지를 남겼다. 아마 상대 쪽에서 잘못했을 것이다. 그래서 의뢰인이 화를 낸 것이다. 여기서 당신이 "오전 중에 전화를 했는데 부재중이어서 메시지를 남겨 놓았는데요."라고 말해 버리면 어색해진다.

그 경우에는 '메시지가 전달되지 않았구나.' 라고 생각하면서 "실례했습니다."라고 사과하는 편이 앞으로의 관계를 고려한다면 무난하다.

어쩌면 그 후에 의뢰인은 책상 위에 있는 당신의 메시지를 발견할지도 모른다. 그때에 아무 변명도 하지 않고 바로 사과한 당신의 태도에 신뢰감을 느낄 것이다.

비즈니스의 경우는 물론이고 사적인 장면에서도 마찬가지이다.

"당신 집은 쓰레기 분리수거가 되지 않네요. 쓰레기를 내놓는 요일과 시간대를 지키지 않으면 곤란해요."라는 말을 이웃사람에게 들었다고 한다면 그럴 때에는 '평소에는 잘 지키고 있었는데, 오늘은 공교롭게도 출장을 가야 해서 한밤중에 내놓았어요.' 라고 반론하고 싶은 마음을 자제하고는 "깜빡했습니다. 앞으로 주의하겠습니다."라고 사과한다. 그편이 당신에 대한 인상이 훨씬 좋아질 것이다.

작은 클레임인 경우, 말을 들은 쪽이 울컥하거나 변명할 말을 찾고자 잠자코 있으면 상대방의 화난 마음에 기름을 붓는 격이 될 수도 있다. 그럴 때에는 "실례했습니다.", "죄송합니다."라고 먼저 사과해야 한다.

당신에게는 잘못이 없는 경우라도 상대는 사과의 말을 듣고 싶어서 클레임을 말하고 있는 것이다.

"죄송합니다."라는 한마디로 끝나버릴 일이라면 '그걸로 됐다.' 라고 깨끗이 끝내버리는 편이 훨씬 편하다.

8

클레임을 들었을 때의 대화법

자신에게 잘못이 있는 클레임을 받았을 때에는
상대의 말을 끝까지 들어야 한다.

자신에게 잘못이 있는 경우,

클레임에는 '자신에게 잘못이 있고 전부 자신의 잘못'인 경우도 있다. 불량품을 팔거나 자신의 아이가 학교에서 문제를 일으킨 경우 등이 그것이다.

예를 들어 고객으로부터 "귀사의 상품을 구입했는데 불량품이에요."라는 클레임 전화가 왔다고 하자. 이 시점에서 당신은 전후사정을 전혀 모르는 상태이다.

"면목이 없습니다. 죄송하지만 좀 더 자세하게 전후사정을 들려주시면 좋겠습니다."

이렇게 일단은 사죄를 하고 나서 상세한 사정을 듣도록 한다.

클레임을 걸어온 상대도 처음의 "면목이 없습니다."라는 말을 듣고 조금은 냉정해진다. 사정을 잘 이해할 수 없는 단계에서 왜 사죄를 하는가 하면, 여기에서는 '불쾌한 기분이 들게 해서 면목이 없다.' 라는 의미가 포함되어 있기 때문이다.

단, 도가 지나치게 사과하지 않도록 유념해야 한다. "죄송합니다."가 도를 넘으면 파워게임에서 상대의 입장을 필요 이상으로 높이고 증대시켜서 사태를 악화시킬 우려가 있다.

클레임 내용은 전날 구입한 상품이 고장 난 것일지도 모른다. 불량품인지 어떤지는 모르겠지만 사용할 수 없다는 것에 고객은 화를 내고 있다는 것을 알게 되었다. 그래서 당신은 다음과 같이 묻고, 먼저 고객의 '요구사항' 을 듣는다.

"무슨 말씀인지 잘 알겠습니다. 어떻게 처리해드리면 고객님께서도 만족하신지 말씀해 주십시오."

고객의 말을 들으려고 하지 않고 자신의 주장을 반복하거나 서툴게 변명만 늘어놓으면 간단하게 해결할 수 있는 문제가 걷잡을 수 없는 사태로 발전할 가능성이 있다.

상대가 제시한 해결책이 받아들일 수 있는 것이라면 순식간에 문제가 해결되는 경우도 많다. 따라서 클레임을 받았을 때에는 먼저 상대의 입장을 이해하려고 노력하고, 상대의 말을 들어주는 자세를 잊지 말아야 한다.

또 상대의 요구대로 처리할 수 없는 경우에도 성의를 가지고 설명하면 대화를 계속할 수가 있다. 대응방법에 의해서 클레임을 걸어온 사람이 당신 회사의 영원한 고객이 될 가능성도 있다.

9

클레임을 걸 때의 대화법

클레임은 최종적인 목적지를 상정한 후에
전달하도록 한다.

누구에게나 도저히 클레임을 걸지 않으면 안 될 때가 있다. '하고 싶은 말을 해서 속이 시원해질' 뿐이라면 고민할 필요가 없지만 '클레임을 말했는데도 요구사항이 받아들여지지 않았을 때' 에는 어휘선택에 신경을 써야만 한다.

예전에 친구가 한 백화점의 잘못으로 불쾌한 경험을 한 적이 있다. 구체적인 전후사정은 다음과 같다.

어느 날 친구가 백화점에서 20만 원 정도의 상품을 샀다. 그런데 며칠 후 백화점으로부터 "그 상품은 40만 원이었습니다. 죄송하지만 20만 원을 더 지불해 주십시오."라는 전화가 걸려왔다.

그는 "차액을 지불하는 것은 당연하다."라는 백화점의 태도에 화가 나서 "그쪽 실수로 20만 원으로 판매했는데 왜 차액을 지불해야 하나요."라고 반론했다. 그러자 백화점 측은 "정가가 40만 원이니 차액을 지불해 주지 않으면 곤란합니다."라고 했다.

그는 화가 머리끝까지 치솟아 전화상으로 아무런 해결을 보지 못했다. 그러자 아내가 "내가 해결할 테니 맡겨두세요."라고 말한 뒤 다음 날 백화점에 전화를 걸었다.

먼저 아내는 "상담할 게 있습니다."라고 말을 꺼냈다.

아내 : 저는 상품이 20만 원이어서 구입한 것입니다. 40만 원이었다면 사지 않았을 거예요. 그래서 상담을 하고자 합니다.

백화점 : 예, 말씀하십시오.

아내 : '반드시 차액을 지불해야 한다.'고 하면 그 가격에 저희는 상품을 살 필요가 없으니 반품을 하고 싶습니다. 반품을 하고 대금을 되돌려 받고 싶습니다.

백화점 : 상품을 반품하고 20만 원을 되돌려 받겠다는 말

씀이신가요?

아내 : 네, 그렇습니다. 검토한 후에 연락 주십시오.

다음 날 백화점으로부터 "상품 가격은 20만 원 그대로 괜찮습니다."라는 전화가 걸려왔다. 왜 아내의 요구사항이 통한 것인가?

그것은 아내가 '가격표를 잘못 단 것', 즉 상대의 잘못에 관해서는 일절 입에 담지 않고 '앞으로 어떻게 하기를 바라는지' 라는 점에 대해서밖에 말하지 않았기 때문이다. 나(필자)는 이 점이 성공적이었다고 생각한다.

그리고 '상담이라는 형식을 취한 점', '상대에게 검토할 여지를 준 자세를 보인 점' 이 크게 영향을 미친 것이다.

아내는 "20만 원이라면 사겠지만 40만 원이라면 필요 없다."라는 '요구' 를 분명하게 전달한 것이다. 그 위에 "검토하길 바란다."라고 부탁했다.

클레임을 말할 때의 대원칙은 이 두 가지이다.

자신이 어떻게 하기를 바라는가 하는 요구를 냉정하게 전달하고, '상담' 이라는 형태로 상대의 검토를 요구하는 것이다.

감정에 치우쳐 가격표를 잘못 단 것만 추궁한 남편은 백화점 측으로부터 '사죄의 말과 원론적인 말'만 들었을 뿐이지 근본적인 문제를 해결하지 못했다.

아내가 어떻게 이 사건을 해결할 수 있었는지를 남편이 물어보자 "자신은 학창시절 그 백화점에서 아르바이트를 한 적이 있어 클레임 처리의 과정을 잘 알고 있었다."고 웃으면서 말했다고 한다.

친구처럼 감정에 치우쳐 불평만 말하는 사람은 무조건 클레임을 거는 사람 취급을 받을 뿐이다. 클레임을 받은 쪽도 유념해서 '이런 유형의 고객은 불평을 말하는 것이 목적이기 때문에 맞춰서 상대를 해주면 제풀에 지친다.'는 것을 알고 있다.

어쩔 수 없이 클레임을 걸 때에는 '어떻게 하기를 원하는지'를 냉정하게 전달하는 것이 중요하다.

10

상대가 공황상태일 때의 대화법

상대의 상태에 맞추면
상대의 기분을 침착하게 만들 수 있다.

쉽게 흥분하는 사람이 있다. 이런 사람은 만사를 이성적으로 생각하지 못하기 때문에 일에 지장을 초래하는 경우가 적지않다.

공황상태에 빠진 당신의 후배가 말했다.

후배 : "큰일 났어요!"

당신 : "왜 그래? (침착한 말투로) 그렇게 당황해서, 차근히 설명해봐.

당신이 아무 일도 없는 듯이 차분히 말하자 상대는 초조한 마음이 전해지지 않아서 당신에게 말할 기분이 사라지거나, 점점 혼자서 초조해 할 것이다. 그럴 때에는 자신도 상대의 상황에 맞춰서 흥분한 듯이 상대의 기분에 맞춰준다.

후배 : "큰일 났어요!"
당신 : "무슨 일이야?"

바로 반응을 보인다. 그러면 초조해 하던 후배는 '선배와 마음이 통했다.' 라는 안심감이 생겨 저절로 마음이 차분해질 수 있다.

사람은 '자신이 전하고 싶은 것을 빨리 상대가 이해해 주길 바란다.' 평소에 호흡이 잘 맞는 사람이라면 더 빨리 이해해 주기를 바란다. 그 마음을 충족시켜주면 침착하게 커뮤니케이션을 나눌 수 있다. 반대로 의기소침한 상대에게는 먼저 상대의 상태에 맞춰서 대답을 하고 나서 용기를 주는 말을 해준다.

후배 : 아, 또 의뢰인을 화나게 만들었어요.
당신 : 저런, 큰일이네. 뭔가 내가 도와줄 일은 없어?

11

비즈니스 상대로부터 유혹의 손길을 받았을 때의 대화법

호의를 보이는 상대에게는
철저하게 비즈니스 태도와 대화법으로 대응한다.

같은 회사동료나 거래처 등에서 일과 관련된 것으로 이성으로부터 유혹을 받으면 응할 수도 없다. 그럴 때에는 상대에게 상처를 주거나 무안하게 만들지 말고 원만하게 대응을 하는 것이 좋다. "잘 대응할 수가 없다."고 말하는 사람도 많지만 이것저것 너무 복잡하게 생각할 필요가 없다.

특히 자신에게 호의를 보이는 사람과 대화를 할 때는 정중한 비즈니스 용어로 분명하게 말하도록 유념해야 한다. 필요 이상으로 장황하게 말하지 않도록 한다. 물론 잡담도 하지 않아야 한다. 업무와 관련된 이야기 이외는 절대로 피해야 한다. 그러면 점차 상대도 가망이 없다는 것을 깨닫게 된다.

업무 상대가 호의를 보여 곤란할 때에는…

① 정중한 비즈니스 용어를 사용한다.

② 감정을 드러내지 않는 말투를 쓴다.

③ 거절하는 이유를 장황하게 늘어놓지 않는다.

④ 업무 이외의 얘기나 잡담은 절대로 피한다.

만약 고백 같은 말을 한다면 처음 단계에서 분명하게 '노'라고 말하는 것이 상대에 대한 배려이다.

잔뜩 기대감만 높아지게 한 후에 '노'라고 말하면 미련이나 집착을 생기게 해서 인간관계까지 악화되거나, 문제가 발생하기도 한다.

상대 : 이 자료 말인데요, 오늘 5시까지 정리해 줄 수 있어요?

당신 : 오늘 5시까지 말이죠. 알겠습니다.

상대 : 고마워요. 감사의 표시로 저녁을 사고 싶은데, 뭐가 좋겠어요?

당신 : 말씀만으로도 고맙습니다. 회사 일인데 신경 쓰지 마세요.

이런 식으로 정중하게 그러나 분명하게 유혹을 뿌리쳐야 한다. 그 뒤에도 몇 번 유혹하더라도 똑같은 태도로 계속 거절하면 당신의 마음이 전해질 것이다.

의뢰인이 호의를 보이는 경우, 사정은 조금 복잡해진다. 일을 발주하는 상대라면 당신이 거절함으로써 거래가 끊길 가능성도 있다.

그럴 때에는 상사와 상의를 해서 함께 대처법을 생각하는 것이 좋다. 경우에 따라서는 담당자가 바뀔지도 모르지만, 개인의 판단으로 대응하는 것보다 이른 단계에서 제삼자와 상의를 하는 것이 좋다.

진지하지만 너무 심각하지 않은 표현방법으로 원만히 대처하는 방법을 익혀두어라.

6장

호감형 대화법으로 실현할 수 있는 것은 아직도 많다

good conversation

1

'호감형 대화법' 으로 사람을 즐겁게 해줄 수 있다

웃을 수 있는 자신의 실패담을
다른 사람에게 말해서 '웃음' 을 공유한다.

10대 시절, 처음으로 살았던 런던에서 92살의 영국여성을 알게 될 기회가 있었다. 너무나 멋진 분이어서 "항상 젊게 사시는 비결은 뭐예요?" 라고 물어보자 "여유로운 마음과 유머감각" 이라고 말했다.

92살이 되어서도 유머감각을 잊지 않고 있기에 얼마나 멋진 일인지, 감동한 기억이 있다. 실제로 '호감형 대화법' 이 가능한 사람은 젊고 유머감각이 있다.

그리고 최고의 유머감각은 '자신의 실패담을 센스 있게 객관적으로 말할 수 있는 것' 이라고 생각했다. 감정을 너무 드러내지 않고 사실만을 담담하게 웃으면서 말하는 것이 포인트이다. 그러면 듣는 사람도 함께 웃을 수 있다.

예를 들어 나(필자)의 실패담을 말한다면 이런 식이다.

"내 친구에게 딸이 세 명 있는데, 그 친구의 막내딸인 지현이는 잘 알고 있지만 위의 두 딸은 잘 몰랐다. 어느 날 친구에게, '우리 둘째 딸이 아무래도 이성문제로 고민하고 있는 것 같아서 내 이야기를 했더니 상담을 하고 싶다.'는 전화가 온 거야. 그래서 휴대전화와 메일주소를 가르쳐주었더니 '지현이 언니예요. 좀 뵐 수 있는지요?'라는 메일이 왔더군. 난 그만 이성문제로 고민하고 있는 둘째 딸이라고 생각하고 '대환영! 이성문제라면 무엇이든지 상담 가능.'이라고 자신만만하게 답신을 보냈지. 그런데 메일은 둘째 딸이 아니라 전직(轉職)을 고려하고 있는 첫째 딸이었던 거야. 이럴 수가, 착각도 유분수가 있지. (웃음)"

'자신의 실패담을 담담하게 말할 자신이 없는' 사람도 있을 것이다. 그런 경우는 오로지 '준비' 뿐이다. 즉, '자신의 웃을 수 있는 실패담'을 몇 개 정도 비축해 두는 것이다. 분위기가 무르익으면 효과는 만점이다. 또 자신의 이야기가 왜 좋은가 하면 평소와는 다른 자신의 모습을 보여줄 수 있을 뿐만 아니라 다른 사람에게 상처를 주지 않기 때문이다.

회사에 있는 '별난 사람'의 이야기를 하면 재미있지만, 자신이 없는 곳에서 '내 이야기를 했다.'라는 것을 알면 좋아할 사람은 그다지 없을 것이다. 내용에 따라서는 상처를 받기도 한다. 그래서 '자신의 실패담'이 안성맞춤이다.

그 외에도 예를 들어 출장을 갔을 때, 호텔에 짐을 맡긴 채 돌아오는 비행기를 탔다고 한다. "부장님!"이라고 말하려고 했는데 당황해서인지 "아버지!"라고 말해버린 이야기도 좋다.

화장실 손잡이의 '미시오'를 '당기시오'로 착각해서 "문이 열리지 않는다!"라고 소동을 일으킨 것과 같은 에피소드도 모두가 웃을 수 있다. 이와 같이 작은 실패담이지만 조금은 특이한 에피소드를 몇 개 정도 '화젯거리'로 비축해 두면 상황에 따라 적절하게 꺼내서 쓸 수 있다.

그렇지만 유머에도 주의할 점이 두 가지가 있다.

첫 번째는 '성적(性的)인 화제'이다. 능숙하게 이 화제를 다룬다는 것은 상당히 고도의 기술이 요구된다. 상당한 센스가 없는 한 어려운 화제이다. 모두에게 웃음을 줄 때의 효과는 만점이지만, 실패했을 때의 여파도 크기 때문에 초보자는 꺼내지 않는 것이 무난하다.

두 번째는 재미있지도 않은데 말하고 있는 본인만 만족해서 즐거워하는 '아저씨 개그'이다. 시시한 '아저씨 개그'를 연발해서 '아저씨 개그=유머'라고 착각하지 않도록 주의해야 한다.

단, 개그라고 해도 '사람들을 즐겁게 하자=주목을 받자'라는 의식이 있으면 괜찮다. 의식이 자신을 향한 것인지, 주위 사람들에게 향한 것인지에 의해 듣는 사람의 인상은 전혀 달라진다.

유머감각은 인생을 풍요롭게 하고 멋진 시간을 연출해 준다. 먼저 웃을 수 있는 자신의 실패담을 준비해 두어야 한다. 그리고 그 실패담을 다른 사람에게 재미있게 말하는 것에서부터 시작해 보아라. 만담도 유머감각이라고 할 수 있다.

2

'호감형 대화법'은 파티에서도 자신을 강하게 인상짓는다

파티에서 당신만의 파티 대화로 분위기를 고조시켜
상대에게 좋은 인상을 각인시킨다.

"업무와 관련된 회의 등 주제가 있는 대화는 고통스럽지 않지만, 파티 등에서 나누는 대화는 고통입니다."라고 말하는 사람이 의외로 많다. 그런 사람들이 결혼피로연에서 같은 테이블에 앉으면 무슨 말을 해야 할지 주눅이 든다.

처음 만난 사람과 몇 시간을 즐겁게 대화를 하는 것은 높은 커뮤니케이션 능력을 요한다.

이럴 때에도 기본적으로 '슈퍼 인터뷰법'과 대화의 '황금법칙(듣는 역할에 충실)'을 지키면 대화는 즐거워진다. 그러나 인맥을 넓힐 수 있는 좋은 기회이니 파티 대화의 '화젯거리'를 준비해 두어라. 즉, 자신에 관한 짧은 이야기를 정리해 두는 것이다.

첫 대면이기 때문에 질문을 받는 내용은 대체로 정해져 있다.

"사시는 곳이 어디에요?"

"신랑신부와는 어떤 관계이세요?"

"어떤 일을 하고 있어요?"

이와 같은 이야기가 중심일 것이다. 그래서 예를 들어 다음과 같이 듣는 사람의 흥미를 끌 수 있는 에피소드를 섞어서 준비해 두면 좋다.

"전자제품 휴대폰 개발부서에서 마케팅 관련 일을 하고 있습니다. 휴대폰은 어떤 색이 인기인지, 어떤 기능이 있는지와 같은 것을 모니터링 하고 있습니다. 얼마 전에는 여고생에게서 모니터링을 했는데, 여고생들 사이에서 유행하는 말을 몰라서 그녀들의 말을 반 이상 이해할 수 없었습니다."

또 상대의 대답에서도 '화젯거리'를 섞어서 대답을 한다.

고향을 묻고 "전주입니다."라고 대답하면 아래와 같은 '화젯거리'로 연결해 가면 대화도 한층 재미있어질 것이다.

"전주는 비빔밥이 유명하지요. 얼마 전에도 전주 근처에 출장을 갔는데 비빔밥을 먹기 위해서 일부러 전주역에서 내려서 먹을 정도로 좋아합니다."

최근에 열중하는 것이나 감동 깊게 읽은 책, 취미나 애완동물, 가족사항 등 자신과 관련한 여러 가지 일에 대해서 에피소드를 생각해 둔다. 잘 이야기할 자신이 없으면 욕실에서 연습을 해도 좋을 듯하다.

그렇게 해서 자신 속에 '대화의 파일'을 많이 준비해 두고 필요에 따라서 꺼내도록 한다. 그러면 파티의 대화가 전혀 고통으로 느껴지지 않고 새로운 사람을 만날 기회의 장이 될 것이다.

이때 '전문적 지식은 금물'이라는 것을 명심해야 한다. 전문적 지식도 도가 지나치면 듣고 있는 쪽은 지겨운 이야기가 되어버린다.

특히 파티 장소에서 와인이나 요리, 레스토랑 등에 관한 전문적 지식을 말하고 싶은 욕구가 있기 때문에 주의를 해야 한다.

예전에 와인 시식 석상에서 사람들의 와인에 관한 지식에 따라가지 못했던 나(필자)에게 한 와인 전문가가 "와인은 맛있게 마시면 그것이 제일."이라고 말해 주었다. 전문요리사도 "아무리 요리솜씨가 좋아도 식재료의 맛에는 당할 수 없네요."라고 말했다. 한 분야의 전문가는 간단한 '결론'에 도달해서 전문지식도 그 간단함에 당할 수가 없는 것과 같다.

"이 와인은 아직 덜 숙성됐다."라고 얼굴을 찌푸리며 마시는 것보다 온화한 얼굴로 와인 잔을 기울이는 사람에게 더 호감이 간다.

그래서 아무리 풍부한 지식을 가지고 있어도 전문지식은 묻어두는 편이 무난하다.

3

'호감형 대화법' 을 하면 처음 만난 상대를 기쁘게 할 수 있다

처음 만난 사람이 자신의 이름을 부르면
누구나 기쁘고 즐거워진다.

첫인상은 만난 지 몇 초 사이에 결정된다고 한다. 그 사람의 모습이나 표정을 보고 "처음 뵙겠습니다."라는 목소리를 듣는 사이에 첫인상의 좋고 나쁨이 결정되어 버리는 것이다.

호감도가 높은 패션이나 옷매무새, 웃는 얼굴에 신경을 쓰는 것도 중요하지만, 다음 날까지 좋은 인상을 남길 수 있는 마법 같은 한마디가 있다. 그것은 상대의 이름이다.

"처음 뵙겠습니다."라고 서로 자기소개나 명함을 교환하면 다음은 대화의 어느 부분에서 상대의 이름을 넣는 것을 습관화해야 한다.

대화에 이름을 넣는 최고의 타이밍

대화에 이름을 넣으면
쉽게 이름을 기억할 수 있고,
상대는 기뻐한다(일석이조).

"○○○ 씨는 커피와 홍차, 어느 것을 좋아하세요?"

"○○○ 씨, 오늘 만나서 기뻤습니다."

이와 같이 대화의 처음에 이름을 넣는 것이다.

누구나 처음 만난 사람에게서 자신의 이름을 들으면 기쁘다. 그리고 이름을 불러준 사람에게 '느낌이 좋은 사람' 이라는 인상을 가지게 되고, 친근감도 느낀다. 한번 그런 생각이 들면 그 이후에 큰 실례를 하지 않는 한, 그 인상은 계속 이어진다.

이 방법은 처음 만난 사람의 얼굴과 이름을 함께 기억하는 데도 도움이 된다. 지금까지 상대의 이름을 좀처럼 기억하지 못했던 사람도 '상대의 이름을 대화 속에 사용하자.' 라고 의식하면 신기하게도 이름을 잘 기억할 수 있게 된다.

나(필자)의 경험담을 한 가지 소개하겠다.

30년 전의 일이다. 어떤 파티에서 예전부터 이름을 알고 있던 유명한 음악가를 만났다. 나는 '기회다.' 라고 생각하고 슈퍼 인터뷰어가 돼서 여러 가지 질문을 했다.

"하루에 연습은 얼마나 하세요?"

"어릴 때에는 어땠어요?" 등등.

그 음악가는 대단히 좋은 느낌으로 내 질문에 대답해 주었다. 그런데 무슨 일인지 나는 점점 음악가에게 흥미를 잃어버리게 됐다.

'왜 그런가?' 하고 생각하니 금방 알 수 있었다. 음악가는 한 번도 내 이름을 물어보지 않았던 것이다. 시종일관 질문에 예의 바르게 대답만 할 뿐이었다. 그 때문에 음악가가 나에게 아무런 흥미도 느끼지 못한 것을 통감했다.

파티 장소이기 때문에 예의상이라도 "당신은?"이라는 질문을 해주었다면 나는 그 후로도 계속 그 음악가의 팬으로 남았을 것이다.

"당신은 어떤가?"

이 한 마디로 '나는 당신에게 관심을 가지고 있다.' 라는 마음을 표현할 수 있다. 그러나 음악가는 나를 '관심 있는 대화의 상대' 로 대하지 않았던 것이다. 그와 같은 질문을 한 번도 하지 않고 끝난 대화에서는 상대에게 실망감을 주는 경우도 있으니 주의가 필요하다.

타인에게 계속해서 질문을 받았을 때에는 상대에 대한 예의로라도 질문을 하는 '배려심'을 잊지 말아야 한다. 이때 상대의 이름을 넣어서 질문하면 한층 효과적이다.

4

의외의 일면을 알 수 있는 안성맞춤 화제방법

모두가 즐길 수 있는 화제
'무인도 생존법'을 꼭 시험해 본다.

회식이나 파티에서 서로 의외의 일면을 발견할 수 있는 화제를 만드는 것도 기술 중 하나이다.

그럴 때 추천할 만한 화제는 "만약 우리 모두가 무인도에 표류하게 됐다면, 어떻게 살아남을 것인가?" 하는 것이다. 해외 드라마에서도 인기를 끌고 있는 설정이지만, 이 화제는 모두가 즐거워하고 질리지 않는다.

A : 먼저 식량을 확보해야지.

B : 무인도라면 당연히 바다가 있을 거야. 나는 어릴 적에 바다에서 잠수해서 물고기를 잡았으니, 나한테

맡겨!

C : 오히려 무인도에서 지금보다 다양한 음식을 먹을 수 있을 것 같네. 그럼 집은 어떻게 할 거야?

D : 예전에 시골에서 오두막을 만든 적이 있어. 안전을 생각한다면 나무 위에 짓는 게 좋을 거야.

이런 식으로 모두의, 의외의 특기나 아이디어를 알게 되면서 '이 사람은 모두를 위해 어떤 일을 할 사람인가?' 하는 인간성도 엿볼 수 있다. 인간성을 알게 되면 서로 흥미도 생기고 보다 깊은 교제를 할 수 있게 된다. 즐겁고 깊은 대화를 할 수 있는 중요한 화제인 것이다.

5

일등이 아닌 일류를 목표로 한다

일류의 '대화법'이 가능해지면
자연스럽게 인맥이 넓어진다.

학급에서 일등, 학교에서 일등, 회사에서 일등 등등 무슨 일이든 '일등이 되는 것'에 중점을 두는 사람이 있다. '일등'이라는 존재는 의외로 취약한 것이다. 현재 학교에서 일등이라고 해도 다른 학교의 학생들과 경쟁하면 일등이라는 위치가 불명확해진다. 학교에서 열등생이었던 학생이 사회에서 열등생이 된다는 법은 없다. 일등이라는 것은 바로 그런 것이다.

그래서 나(필자)는 "일등이 아닌 일류를 지향하라."고 말하고 싶다. 일등은 한 명뿐이지만 일류는 몇 명이어도 좋기 때문이다. 당연히 일류를 목표로 하고 일류로 남기 위해서는 노력이 필요하다.

그러나 다른 사람의 순위에 신경 쓰지 않고 자신의 페이스를 유지하면 어떤 일이든지 잘 임할 수가 있다. 그렇게 쌓아올린 '그 분야에서의 일류인 사람'이라는 실적과 존재감은 흔들리지 않는다.

일류가 되면 사람들이 "대단한 사람이다."라고 생각하게 되고 "이 사람에게 이야기를 더 듣고 싶다."라며 모여들게 된다.

그 결과 사람과 사귈 수 있는 기회가 넓어지고 당신의 인생은 더 재미있어질 것이다. 파티에서 가장 눈에 띄는 것만을 생각하는 사람에게는 아무도 이야기를 듣고 싶어 하지 않는다. 일등을 목표로 하는 것은 노력에 비해 대가가 적다.

그러나 일류인 사람이 파티에 온다면 어떠한가?

분명히 당신도 '가까워지고 싶다.'라고 생각할 것이다. 당신도 일류를 지향해야 한다.

6

말에 의한 '퍼스널 터치'로 상대에 대한 흥미를 전한다

말에 의한 '퍼스널 터치'가 능한 사람은
매력이 배가 된다.

파티와 같이 처음 사람을 만나는 장소에서 명함을 교환하는 일이 있다. 그 뒤에 명함은 어떻게 활용하는가?

일을 잘하는 사람은 다음 날 감사의 말과 "앞으로 잘 부탁드립니다."라는 메일을 보낼 것이다. 그러나 이와 같은 메일만으로는 향후의 관계 발전을 기대하는 것은 어렵다. 메일은 손쉽게 쓸 수 있고, 누구나 가지고 있다. 따라서 틀에 박힌 말로는 상대에게 깊은 인상을 남길 수가 없다.

그래서 말에 의한 '퍼스널 터치'를 실천하기를 권한다. '퍼스널 터치'란 '그 사람, 개인에 관한 사항'을 '언급한다.'는 의미이다('개인에 대해 언급한다.'는 의미가 아니다).

파티에서 만난 사람에게 감사와 더불어 그 자리에서 나누었던 이야기 등 그 자리에 없으면 알 수 없는 것을 메일에 쓰거나, 전화로 이야기하거나 해야 한다.

예를 들어 메일이라면 이런 식으로 써도 좋을 것이다.

"○○○ 씨의 영화에 관한 지식에 감동했습니다. 좋아하는 영화 같아서 기뻤습니다. 언제 한번 다시 이야기를 듣고 싶습니다.

추신: 이번 여름, ○○○ 씨는 어떤 영화를 보실 예정이세요? 추천할 영화가 있으시면 꼭 가르쳐주세요."

혹은 처음 만난 상대라면 다음과 같이 말하는 것도 좋다.

"○○○ 씨는 처음에 일밖에 모르는 분처럼 느껴져서 가까이 가기가 어려웠는데, 실제로 대화를 나눠보니 솔직하고 즐겁게 대화를 나눌 수 있어서 대단히 기뻤습니다."

이런 말을 듣고서 기분이 나쁠 사람은 없을 것이다.

이처럼 개인적인 화제에 대해서 교감이 있으면 상대의 당신에 대한 인상은 더 깊어지고, 흥미도 느낄 수 있다. 동시에 당신의 성실함을 표현하는 것이기도 해서, 설사 처음 만난 사람이라도, '이 사람과는 앞으로 계속 잘 지낼 수 있을 것 같다.' 라는 생각이 들기 마련이다.

메일이 너무나 일반화된 요즘이야말로, 다음 날 오전 중에 짧은 전화 한통을 걸거나, 엽서나 편지로 감사의 마음을 전하면 상대에게 보다 깊은 인상을 줄 수 있다.

내(필자)가 세계은행에서 일하고 있을 때, 다른 부서의 친구와 여행을 갔었다. 그 친구의 부서의 책임자이자, 말로 하는 '퍼스널 터치' 가 아주 뛰어난 여성이 있었다. 그녀를 한 오피스 파티에서 만났을 때의 일이다.

한 번도 말을 나눈 적이 없었음에도 그녀는 나를 발견한 순간, "로미!(내 애칭이다.) 근래에 페루에 갔다고 하더군요. 어땠어요?" 하고 묻는 것이었다. 나는 깜짝 놀라면서도 크게 감동했다. 내 친구가 말을 했는지, 그것을 기억하고 한 번도 면식이 없었던 나에게 말을 건 것이다.

상당한 지위의 책임자임에도 불구하고 부하직원인 친구가 전한 정보를 그 자리에서 떠올리고, 상대에게 전할 수 있다니. 그녀가 톱이라고 불리는 이유는 이런 것이구나, 하고 감동한 기억을 10년이 지난 지금까지도 기억하고 있다.

7

구체적인 이야기를 하면 말에 힘이 생긴다

대화에 '소제목'을 붙여서 구체화시킬 수 있으면
실현 가능한 힘이 생긴다.

자신에 대해 잘 알고 있다고 생각하지만, 막상 이야기를 해 보면, 말이 두서없이 되어버리는 일은 없는가?

왜 말하기 거북한가 하면, '이런 말을 하면 뻔뻔하다고 생각하지 않는가?' 라고 주저하는 경우도 있고, 자신의 본심을 깨닫지 못하는 경우도 있다.

그럴 때에도 '말을 잘하는 사람'은 상대의 의도를 재빨리 파악하는 센스가 있어서, 대화를 능숙하고 효과적으로 유도한다. 마치 카운슬러처럼 이야기를 들어준다.

예를 들어 이런저런 생각으로 망설이며 자신의 진심이 무언인지 잘 모르는 친구가 있다면, 이런 식으로 대화를 이끌어

가면 어떨까 한다.

상대 : 오늘 일은 재미있지만, 뭐랄까…… 의욕이 생기지 않아. 일은 싫지 않지만, 근무환경도 나쁘고, 장래성도 없는 것 같고. 그런 생각을 하고 있으면 의욕이 사라져버려서…….

당신 : 흠~, 네 이야기를 듣고 있으면, 지금 회사를 그만두고 싶은 것처럼 생각되는데, 실제로는 어때?

상대 : 뭐, 그렇게 들렸어? 놀랐는데. 난 깨닫지 못했는데, 정말 그런 것인가? 분명히 이대로 회사를 다녀도 뾰족한 수가 없는 것 같지만 말이야.

이처럼 상대의 의도를 파악하면 대화가 구체적으로 된다. '회사를 그만두고 싶다.' 라는 사실을 전제로 하면 다음과 같이 대화가 발전한다.

당신 : 지금 회사에 몇 년째 다닌 거지?

상대 : 아마 10년째일 거야.

당신 : 회사를 그만두면 뭘 할 건데?

상대 : 아직 거기까지 생각하진 않았어. 앞으로 할 일을 정

하고 나서 그만두는 편이 좋은 건 알지만…….
당신 : 그럼 혹시 지금 너무 지쳐 있는 건 아니야?
상대 : 맞아, 치쳤는지도 몰라.

이후부터의 대화의 '핵심' 은 "지쳐 있다."는 것이 된다.

당신 : 10년이나 다녔는데, 사정을 설명하면 장기휴가가 가능하지 않을까?
상대 : 별로 바쁘지 않은 시기니까, 2주 정도는 가능할 거야?
당신 : 그거 다행이다. 좀 여유를 갖고 재충전할 시간을 가지는 게 어때? 그리고 앞으로의 일을 생각하면 되잖아. 여행 계획이라도 세우면 어때?
상대 : 그럼 그렇게 해볼까?

이와 같이 상대가 깨닫지 못하고 있는 것, 애를 태우고 망설이는 것을 적절한 질문과 맞장구로 이끌어내는 것도 '호감형 대화법' 이 가능한 사람의 특징이다.

어떤 대화라도 말이 명료하면 할수록 힘을 가지게 되고, 원하는 방향으로 나아갈 수 있다.

A : 휴가 가고 싶어.

B : 휴가를 얻어서 하와이에 가고 싶어.

이처럼 대화하는 두 사람이 있다고 하면, B의 대화가 그 희망을 실현시킬 수 있는 힘을 가지고 있다.

더욱이 "휴가를 얻어서 하와이에 가서 킬라우에아 화산을 보고 싶다."라고 하는 사람의 말이, B보다 한층 실현시킬 수 있는 힘이 있는 것이다.

말에 힘을 가미하면 실현가능성이 높아지고, 인생이 보다 풍족해진다. 이를 위해서라도 상대의 말이 불분명하면 대화에서 진의를 파악하고 되도록 구체적인 내용을 이끌어내는 것이 중요하다.

8

'호감형 대화법' 이 가능한 사람이 되기 위해 가장 중요한 것

'호감형 대화법' 이 가능한 사람이 되기 위해서는
'진심으로 사람을 대하는 것' 이다.

지금까지 '호감형 대화법' 이 가능해지기 위한 생각이나 방법에 대해서 설명을 했는데 어떠한가?

마지막으로 한 가지 대단히 중요한 것을 말해야겠다. '호감형 대화법' 이 가능한 사람이 되기 위해 필요불가결한 것, 그것은 '진심으로 사람을 대하는 것' 이다.

'호감형 대화법' 이 되기 위한 생각이나 방법을 숙지했다고 해도 거기에 '마음' 이 담겨져 있지 않으면 상대의 마음을 울리는 말을 할 수가 없다.

찻집에서 물을 가져온 점원의 얼굴을 보고 "고맙습니다." 라는 말을 하고 있는가?

내(필자)가 경험한 에피소드를 소개한다.

어느 날, 외국인 친구 몇 명과 카페에 들어갔다. 점원이 차를 가져왔을 때, 나는 그녀의 눈을 보고 "고맙습니다."라고 말했다. 그러자 함께 있던 친구가 "저들은 일이기 때문에 서비스를 하고 있는 것인데 왜 눈까지 마주치며 인사를 하냐?"라는 질문을 받은 적이 있다.

'저들은 자신의 일이기 때문에 서비스를 하고 있기에, 눈을 마주치며 감사하다는 말을 할 필요는 없다.'라는 말에도 일리가 있다. 그러나 일이라고는 해도 그들이 그 역할을 다하고 있기 때문에 나는 카페에서 차를 마실 수 있는 것이다. "감사합니다."는 그 역할을 다하고 있는 사람에 대한 감사의 마음이자, 예의이다.

또 점원의 얼굴을 보고 "고맙습니다."라고 말하기 전에 나는 점원에게 한 사람의 손님에 지나지 않고, 얼굴도 '어렴풋이' 보였을 것이다. 하지만 "고맙습니다."라는 말을 전함으로써 내 얼굴은 분명하게 그녀의 뇌리에 각인되고 단순한 손님이 아닌 한 사람의 인간으로서 비춰졌을 것이다.

그런 점원은 내가 가게를 나올 때 "감사합니다."라는 인사말에 덧붙여서 "밖에 비가 오니까 조심하세요."라고 하는 말을 해주기도 했다.

다음에 내가 이 카페를 찾았을 때 그들은 더 환하게 웃는 얼굴로 맞아줄지도 모른다.

이처럼 "고맙습니다."라는 말속에 진심을 담아서 말로 표현하고 생활하면 당신에게 아주 멋진 시간을 가져다줄 것이다.

마음을 담아서 자연스럽게 "고맙습니다."를 말할 수 있게 되었을 때, 당신은 분명히 일류의 '호감형 대화법'을 구사할 수 있게 되어 있을 것이다.

맺음말

"커뮤니케이션은 기술이다. 기술을 습득하면 마음이 전해지는 대화법이 가능하고, 대인관계도 개선된다."

한 비즈니스 잡지의 인터뷰에서 그렇게 말했다. 그러자 인터뷰어가 조금 놀라면서 "예? 기술이라고요? 커뮤니케이션은 뭐랄까, 그 사람의 인격, 천성, 성장과정, 가치관, 품격 등을 나타내는 것이라고 생각했습니다."라고 말했다

물론 지당한 말이다. 그러나 그 사람이 얼마나 멋진 사람인지, 유능한 사람인지, 배려심이 있는 사람인지, 그것을 몇 년에 걸쳐서 아는 것보다도 처음부터 금방 알 수 있도록 표현할 수 있는 편이 서로에게 좋다. 그래서 필요한 것이 커뮤니케이션이다.

"과장은 나쁜 사람은 아니지만…….(말하는 게 거칠어서.)"
"저 사람은 확실히 머리는 좋을지 모르지만…….(말투가 따분해서 이해할 수가 없다.)
"그녀는 동료지만 왠지 대화를 하면 서로 말싸움이 되어 버려.", "그녀와 프로젝트를 같이 하고 싶지 않아.(왜 항상 도전적인가?)

사실은 누구나 좋은 사람, 직장에서는 우수한 인재일지라도 대인관계, 특히 커뮤니케이션의 방법 때문에 손해를 보고 있을 것이다. 오해받지 않도록 자신의 마음을 잘 전달할 수 있는 기술이 필요하다고 생각하지 않는가?

"팀장의 부탁은 야근이라도 OK! 모두 같이 합시다."
"이 정보, 분명히 그 사람에게 도움이 될 거야. 메일로 알려주자."
"부장님의 고맙다는 한마디가 마음에 와 닿아 위기를 극복할 예감이 들어."

이처럼 그 사람의 대화법, 다른 사람을 대하는 방식에서 '애정과 진심'을 느낄 수 있다면, 주위사람은 당신의 편이고 든든한 조력자가 될 것이다.

'다른 사람이 좋아하는 대화법' 을 익히는 장점은 크다고 생각하지 않는가?

지금까지 수많은 상담, 인사컨설팅을 통해서 나는 직장이나 조직의 대인관계에서 대부분의 스트레스는 인간관계에서 오는 것이며, 그 스트레스의 대부분이 커뮤니케이션 기술을 습득하면 개선되고 경감된다는 것을 경험했다. 말하는 내용도 그렇지만 '말하는 법(대화법)' 은 정말로 중요하다.

'이심전심' 이라는 말이 오늘날에도 여전히 유효하다. 그러나 현대의 비즈니스에서는 '이심 · 발언 · 전심', 도중에 발언하는 한 가지 단계가 더 필요해졌다.

당신도 이 책에서 효과적인 대화법, 발언하는 방법을 발견해서 일상생활에서 활용해 보기 바란다.

그리고 당신의 꿈이 실현되기 쉽도록 주위의 환경을 정비해 나가야 한다.

Memo

Memo

호감주는 말투는 이것이 다르다

1판 1쇄 발행 ‖ 2019년 11월 5일

●
지은이 ‖ 나카노 히로미
옮긴이 ‖ 강성욱
펴낸이 ‖ 김규현
펴낸곳 ‖ 경성라인
주 소 ‖ 경기도 고양시 일산동구 백석2동 1456－5
전 화 ‖ 031) 907－9702 FAX ‖ 031) 907－9703
E- mail ‖ kyungsungline@hanmail.net
등 록 ‖ 1994년 1월 15일(제311- 1994-000002호)

●
ISBN ‖ 978-89-5564-178-3 (03320)

● 책값은 뒤표지에 있습니다.
● 잘못 만들어진 책은 구입하신 곳에서 바꾸어 드립니다.
● 경성라인은 밀라그로의 자회사입니다.
● 이 책은 '속 터지게 말하지 말고 이렇게 말하라' 의 개정판입니다.